D Chodowiecki del & sc

rosenheimer
raritäten

WAS FRÜHER IN BAYERN ALLES RECHT WAR

Aus den Anmerkungen des Wiguläus Aloysius Xaverius Freiherrn von Kreittmayr zum Codex Maximilianeus Bavaricus Civilis

Zusammengestellt und erläutert von
Raimund Eberle

Rosenheimer Verlagshaus

Inhalt

Cod. Max.
Aloisius Wiguleus L. B. de Kreitmeir
ab Offenstaeten et Hazkofen & Ser.mi Elect.
Pal. Bav. Stat. et Conf. Min. Stat. int. Can
cell. Nat. 12 Dec. 1705. Denatus 27 Oct. 1790.

Über dieses Buch

Dieses Buch geht vordergründig darauf zurück, daß in den fünfziger Jahren zwei Bauern in Albaching um einen Weg gestritten haben. Damals war ich Referendar beim Landgericht in Traunstein und mußte (*durfte*, wie sich bald herausstellte) das Urteil entwerfen. Obwohl bei uns seit dem 1. Januar 1900 das Bürgerliche Gesetzbuch für solche Streitigkeiten gilt, war der Streit der zwei Albachinger Bauern noch nach dem Codex Maximilianeus Bavaricus Civilis zu entscheiden, dem Neu Verbessert und Ergänzt Chur-Bayrischen Landrecht, das Kurfürst Maximilian Joseph am 2. Januar 1756 für seine Untertanen verbindlich gemacht hatte. Beim Studium dieses Gesetzes zog ich die Anmerkungen zu jenem Codex zu Rate, die der kurfürstliche Geheime Kanzler, Conferenz-Minister und Oberst-Lehen-Probst Wiguläus Aloysius Xaverius Freiherr von Kreittmayr auf Offenstetten in fünf Bänden bei dem Hof- und Landschaftsbuchdrucker Johann Jacob Vötter hatte erscheinen lassen. Die (juristisch gar nicht so einfache) Arbeit an dem Urteil im Albachinger Wegstreit geriet zum köstlichen Vergnügen: Kreittmayrs Kommentar erwies sich bald nicht nur als treffliche Hilfe, sondern als Fundgrube für höchst amüsante, ebenso spitzige wie spitzfindige

Erläuterungen voller Humor, in oft deftiger Sprache und von einer Anschaulichkeit, die heutige Juristen beschämt: »Jeder kan regulariter in dem Seinigen thun und machen was er will, folglich auch bis in die Höll hinunter graben oder bis an den Himmel hinauf bauen« – ein Labsal für den jungen Juristen, der sich mit dem farblosen, umständlichen und gestelzten Deutsch der heutigen Gesetzessprache zu ärgern begann. Als ich schließlich mit meiner geliebten Gertrud Willenbacher heiratseinig geworden war, prangte zum gelinden Entsetzen der Verwandtschaft auf der Verlobungsanzeige jenes fröhliche Kreittmayr-Zitat, wonach die Wichtigkeit des Heiratsgeschäfts »die Verlobniß« mit sich bringe, »dann es siehet gar zu viehisch und unvernünftig aus, wann man ohne vorläufiger Abred so wilderdings wie ein toller Hengst in den Ehestand rennt« . . .
Viele Jahre später ergab sich jetzt, zufällig fast, die Gelegenheit, die Köstlichkeiten Kreittmayr'scher Rechtserläuterungen (mühsam freilich aus 4401 Seiten an behaglichen Wintersonntagabenden herausgesucht) allen aufzuschließen, die Freude daran haben könnten zu erfahren, was doch schon einmal alles Recht gewesen ist – und wie ein gescheiter Mann dieses Recht den Zeitgenossen mit wissenschaftlicher Gründlichkeit und würziger Heiterkeit verständlich gemacht hat.

Über dieses Buch

Keine Angst: kein Büchlein für Juristen. Kreittmayr hat seine Anmerkungen ganz wissenschaftlich gehalten, gewissenhaft jede der unzähligen verwendeten Literaturstellen zitiert. Davon ist der in diesem Buch vorgelegte Text gereinigt, ebenso von den vielen lateinischen Zitaten und Fachausdrücken. Kein wissenschaftliches Werkchen also (denn zuweilen sind mehrere Zitate auch zu einem zusammengezogen und statt in juristisch systematischer Weise sind die Zitate nach Lebensbereichen geordnet). Dieses Buch will auch kein Beitrag zu dem Streit über die Kreittmayr'sche Strafgesetzgebungsarbeit sein. Die Absicht des Herausgebers war allein, daß sich der Spaß vielfach und bei vielen wiederholen möge, den er selbst beim Lesen der Anmerkungen des Wiguläus Kreittmayr gehabt hat.

Baierbrunn, in der Osterwoche 1976

Raimund Eberle

Selbstbildnis
Daniel Chodowiecki

Wiguläus Kreittmayr und sein Werk

Ein paar Tage vor der Sendlinger Mordweihnacht, am 14. Dezember 1705, wurde in München Wiguläus Xaverius Aloysius Kreittmayr geboren. Der Vater Franz Xaver Wiguläus war kurfürstlicher Hofrat, vermählt mit der Perlacher Hofwirtstochter Maria Barbara Degen (oder Däg), die ihm zwei Söhne und acht Töchter geboren hat. Bis auf Ursula, die den Reichsedlen von Kern heiratete, gingen alle Töchter ins Kloster. Auch die Mutter trat nach dem Tod des Gatten, 82jährig, ins Kloster Büttrich in München ein und starb dort mit 87 Jahren, nachdem sie einige Jahre zuvor die Profeß abgelegt hatte. Benno, der eine Sohn, wurde Bürgermeister und Landschaftsverordneter in München, von Wiguläus, dem anderen, werden wir gleich mehr erfahren. (Einer anderen Darstellung nach hatte die Hofratsfamilie Kreittmayr sechs Söhne und zehn Töchter, doch scheinen die dort zusätzlich genannten früh gestorben zu sein.)
Die Kreittmayr stammten aus Friedberg, wo ihre Vorfahren, seit Hannes und Rudel Gerewtmair im 15. Jahrhundert nachgewiesen, als Bauern, Handwerker, Branntweinhändler oder Steuereinnehmer gelebt hatten und schließlich einige Generationen lang Uhrmacher gewesen waren. Elias Kreittmayr, Uhrmacher und Bürgermeister, konnte seinen

Söhnen David und Wiguläus Franz das Studium der Rechte ermöglichen und ihnen damit den Weg in kurfürstliche Ämter, der Familie den Zugang zum Adelsstand bereiten.

Auch der ungewöhnliche Taufnahme Wiguläus geht auf Friedberg zurück. Dort war 1452 bis 1481 ein Wiguläus von Weich Pfleger und möglicherweise Taufpate eines Sohnes des seinerzeitigen Bürgermeisters aus der Kreittmayrfamilie. Der junge Wiguläus Kreittmayr besuchte in München das Jesuitenkolleg, lernte dort Französisch, Italienisch und so gut Latein, daß er noch im Greisenalter aus den Werken von Horaz, Vergil und Ovid lange Passagen auswendig hersagen konnte. In Salzburg studierte er Philosophie, später Rechtswissenschaft in Ingolstadt, Leyden und Utrecht; gerichtliche Praxis lernte er am Reichskammergericht in Wetzlar kennen. Erst 20 Jahre alt, wurde er vom bayerischen Kurfürsten Max Emanuel zum Hofrat berufen: der Anfang einer glänzenden Karriere. Der Hofrat war damals die höchste Landesstelle, in Verwaltungssachen dem Ministerium, in Rechtsangelegenheiten dem Revisorium unterstellt, zweite Instanz über den Regierungen in Landshut, Straubing, Burghausen und Amberg.

Mit der Tätigkeit des jungen Hofrats scheint man zufrieden gewesen zu sein; am 15. Mai 1741 erhoben ihn die Kurfürsten Karl Albrecht von Bayern und Karl Philipp von der Pfalz zum Ritter des Heiligen römischen Reiches und das Jahr darauf, als Karl Albrecht Kaiser Karl VII. geworden war, wurde Kreittmayr auf dessen Regierungszeit Wirklicher Reichshofrat. Kaiser Franz I. bot ihm an, in Wien Reichshofrat mit 12 000 Gulden Jahresgehalt zu werden, aber Kreittmayr blieb im bayerischen Dienst. Kurfürst Maximilian III. Joseph machte ihn zum Freiherrn und ernannte ihn zum Hofrats-Kanzler und Geheimen Rat, freilich mit nur 2400 Gulden Jahresgehalt. 1749 wurde Kreittmayr Geheimer Rats-Vize-Kanzler und Konferenz-Minister, 1758 schließlich Wirklicher Geheimer Staats-Kanzler und Oberster Lehens-Probst – 32 Jahre lang behielt er dieses höchste Staatsamt. Daneben war er noch Kanzler der Akademie der Wissenschaften, Präsident des Schul-Curatels (und stand damit an der Spitze des höheren Schulwesens). Als Comitial-Gesandter nahm er am Reichstag in Regensburg teil und dreimal gehörte er nach Erledigung des Kaiserthrones dem Reichs-Vikariats-Gerichtshof an.

Über sein Familienleben berichten die Chronisten, daß Kreittmayr 1745 Sophie von Heppenstein heiratete und mir ihr zwei Söhne hatte, die aber früh starben; 1749 starb auch Sophie, sie wurde an der Sonnenseite der Münchner Peterskirche begraben. 1750 heiratete Wiguläus Freiherr von Kreittmayr

Maria Romana, geborene von Frönau, verwitwete von Nocker. Sie brachte das Gut Offenstetten (zwischen Abensberg und Kelheim gelegen) und auch sonst noch ansehnliches Vermögen in die Ehe ein und wußte es durch geschicktes Wirtschaften so zu mehren, daß man später auch noch das Gut Hatzkofen erwerben konnte. So bekam jeder der beiden Söhne ein Gut, Johann Nepomuk Gottlieb, der Oberappellationsgerichtsrat, und Ignatz Xaver Kaspar, der Kämmerer geworden ist (in einer Familiengeschichte ist noch von einem dritten Sohn Bernhard die Rede, der Artillerieoffizier war und früh gestorben ist); die Tochter Maria Anna heiratete den Landshuter Wildmeister Karl Graf Plettrich de Szent-Kiraly.

Der Freiherr von Kreittmayr wird in den Lebensbeschreibungen als von ruhigem, offenem und geradem Charakter geschildert, mäßig in seinen persönlichen Ansprüchen – er soll fast immer nur Wasser getrunken haben – und überaus fleißig. »Um mit seiner ungeheueren Thätigkeit einigermaßen die Möglichkeit zu verbinden, Bewegung zu machen, saß er bei seiner Arbeit auf einem dreibeinigen Stuhle (Bocke), von dem aus seine Füße den Boden nicht berühren konnten; somit baumelte er fortwährend mit denselben, um sich auf diese Weise doch einige Bewegung zu machen,« wird berichtet. In seiner Wohnung am

Rindermarkt in München, gleich gegenüber der Peterskirche, wo er alle seine Gesetze und Gesetzeserläuterungen mit langen Schwanenkielen selbst schrieb, standen 12 000 Bände, deren er sich virtuos und gewissenhaft bediente. Als er 1759 schwer krank war, gelobte der streng gläubige Katholik, wenn er genesen sollte, nie mehr eine äußere Auszeichnung zu tragen, nicht einmal goldene Ringe, Tabatieren, Taschenuhren; daran hielt er sich, wieder genesen, Zeit seines weiteren Lebens und so lehnte er auch die ihm angetragene Grafenwürde ab.

Kurfürst Max III. Joseph hatte im Vertrag von Füssen 1745 seinen Frieden mit Österreich gemacht und konnte sich unbehindert von Kriegen und größeren außenpolitischen Sorgen der inneren Landesverwaltung widmen. So ist denn auch vom *politischen* Wirken seines Kanzlers Kreittmayr wenig vermeldet außer jener geschickten Verhandlung, in der er eine Forderung des sächsischen Hofes von mehr als 50 Millionen Gulden auf sechs Millionen herunterdrückte und die Zahlung in zwölf Jahresraten durchsetzte.

Kreittmayrs Aufgabe und Werk war, das völlig unübersichtlich gewordene Recht seiner Zeit in Bayern in brauchbare Formen zusammenzuschreiben – ein Auftrag, an den sich nur jemand wie er mit umfassenden Kenntnissen, weitreichender Belesenheit und ungewöhnlichem Fleiß wagen konnte: »Trostlos war allmählich der Rechtszustand im Deutschen Reich und in den deutschen Ländern geworden. In der Reichsgesetzgebung vollständiger Stillstand; das sog. gemeine Recht, zusammengesetzt aus römischen, kanonischen, einheimischen, aus geschriebenen und ungeschriebenen Quellen, deren Inventar und Geltung nicht einmal unbestritten feststand, in dieser Formlosigkeit ganz unübersehbar, kaum einen unbestrittenen Satz enthaltend und ohne die leitende Thätigkeit eines obersten Gerichtshofs – denn das Reichskammergericht konnte aus mancherlei Gründen einen allseitigen und nachhaltigen Einfluß auf die Rechtsanwendung und Rechtsentwicklung nicht ausüben; daneben und davor überall besondere Statuten, zum Theil noch aus der Zeit vor der Reception des römischen Rechts und mit diesem daher schwer in Einklang zu bringen, und zahllose landesherrliche Verordnungen, deren Beachtung mehr oder minder von Zufall und Willkür abhing. Endlich eine positive Jurisprudenz, der es zwar nicht an hingebendem Fleiße, wohl aber an leitenden Ideen fehlte und die daher wohl im einzelnen achtenswerte Leistungen aufzuweisen hatte, aber der gestaltenden Kraft entbehrte, um die unendliche Vielfalt des Stoffes zur Einheit des Systems zu verbinden« – so schilderte August von Bechmann in der Festrede anläßlich des 150. Jahrestages des Inkrafttretens des Codex Maximilianeus Bavaricus Civilis vor der Akademie der Wissenschaften die Lage des Rechts in Bayern zu Beginn der Arbeiten Kreittmayrs. »In diesen verworrenen Zustand aller Rechts-Verhältnisse suchte der Gesetzgeber Ordnung zu bringen, indem er aus fremden und einheimischen Rechten und aus dem Herkommen alles dasjenige zusammenstellen ließ, was ihm davon anwendbar schien« – so beschreibt ein ungenannter Biograph die Aufgabe. Kreittmayr löste sie – in diesem Rahmen – meisterhaft: 1751 erschien der Codex Maximilianeus Bavaricus Criminalis (das Strafgesetzbuch), im Jahr darauf der Kommentar dazu; 1753 der Codex Judiciarii (die Prozeßordnung) und ein Jahr später wiederum die Anmerkungen dazu, 1756 der Codex Maximilianeus Bavaricus Civilis (das Zivilrecht) und im Laufe der folgenden Jahre gab Kreittmayr bis 1768 die fünfbändigen »Anmerkungen über den Codicem Maximilianeum Bavaricum Civilem, Worinn derselbe sowol mit dem gemein – als ehemalig – Chur-Bayrischen Land-Recht genau collationirt, Sohin der Unterschied zwischen dem alt- und neueren Recht, samt denen Urquellen, woraus das letztere geschöpft worden ist, überall angezeigt, und dieses dadurch in helleres Licht gesetzt wird«. Über das bürgerliche Recht nach heutigem Verstand hinaus sind dort auch die Rechtsverhältnisse der Geistlichkeit, des Adels, der Bürger, Städte, Schulen und Akademien, des Handels, Handwerks und Militärs dargestellt. 1785 schloß Kreittmayr die Gesetzgebungsarbeit mit einer neuen Wechselordnung ab. Zwischendurch – 1769 – gab er auch noch einen Grundriß des allgemeinen deutschen und bayerischen Staatsrechts und (1771) die »Sammlung der neuest und merkwürdigsten Churbayerischen Generalien und Landesverordnungen« heraus. Noch drei Tage vor seinem Tode arbeitete er an einer (unvollendet gebliebenen) Enzyklopädie der gesamten Staatswissenschaften.

Am Mittag des 27. Oktober 1790 starb Kreittmayr. »Nun habe ich meinen besten Freund verloren!« rief Kurfürst Karl Theodor aus, als er vom Tode seines Kanzlers erfuhr. Drei Tage später, um halb fünf Uhr, geleiteten 120 Livree-Bediente und eine große Menschenmenge den Toten zum Schwabinger Tor, von wo aus er nach Offenstetten überführt wurde; dort ruht er in der Familiengruft in der Pfarrkirche zum heiligen Vitus. Seine beiden Söhne ließen auf dem Offenstettener Dorfplatz einen Obelisk mit der Aufschrift »Dem Verfasser der Gesetze unter Kurfürst Max III.« aufrichten. König Ludwig I. ließ in München in der Ruhmeshalle eine Marmorbüste Kreittmayrs aufstellen und genehmigte, daß auf dem Promenadeplatz ein aus Spenden finanziertes, von Schwanthaler entworfenes Denkmal aufgestellt wurde. Als der Münchner Stadtrat in den sechziger Jahren nach dem Zweiten Weltkrieg ein neues, von Alexander Fischer geschaffenes Denkmal aufstellen lassen wollte, machten etliche Leute soviel publizistischen Krawall, daß der Stadtrat schließlich das nagelneue Denkmal nach Offenstetten verschenkte.

Die späten Vorwürfe gegen Kreittmayr waren freilich nicht gerade neu. Sie hatten sich schon bald nach seinem Tode daran entzündet, daß das von ihm entworfene Strafgesetzbuch auf dem Prinzip der Abschreckung beharrte, für nicht weniger als 33 Verbrechen die Todesstrafe androhte und für ihre Vollstreckung die hergebrachten grausamen Formen beibehielt und im Prozeß die Tortur nicht abgeschafft hat. Es fehlte freilich auch nicht an kundigen Stimmen, die (1962 ungehört) Kreittmayr mit dem Hinweis in Schutz nahmen, er sei »ganz und gar auf dem Boden der sogenannten älteren, von französischen, namentlich Rousseau'schen Einflüssen noch unberührten Naturrechtsschule gestanden«; auch sei er »keine bahnbrechende, reformatorische Persönlichkeit« gewesen, sondern eine lehrhafte Natur »ohne das vorwärts treibende Pathos einer genialen Natur, nicht geneigt zu kühner Tat«. Es lag ihm wohl nicht, den Auftrag des Kürfürsten zu überschreiten, wie er ihn in der Bekanntmachung des Zivilgesetzbuches bestätigte: ». . . auch Unserer bey dem Werck geführter Absicht umso mehr gemäß zu seyn befinden, als hierinn nicht eben viel Neues enthalten, sondern nur das ältere sowol gemein – als Statutarische Recht, wie solches in hiesigen Chur-Landen bishero meistentheils gangbar und üblich gewesen, aus seiner fast unübersehlicher Weitschichtigkeit und höchstbeschwerlicher Unordnung in solche Gestalt und Enge gebracht worden ist, daß es auch Jeder, welcher selbes von Amts- oder eigener Angelegenheit zu wissen bedarf, desto leichter begreiffen, behalten und befolgen kann«.

Darin lag Kreittmayrs Verdienst, darauf mußte es von den Umständen seines Lebens und seiner Persönlichkeit her auch beschränkt bleiben. »Auch mit Humor«, schreibt ein Biograph, »mit einem körnigen, bisweilen sogar derben Humor sind die mehrerwähnten Annotationen gewürzt und weil dieser eine seltene Beigabe juristischer Bücher ist, so haben die Anmerkungen als unterhaltende Rechtslektüre eine gewisse Berühmtheit erlangt«. Mag das gesetzgeberische und wissenschaftliche Werk Kreittmayrs umstritten, in seiner Wirkung längst vergangen sein: *diese* »gewisse

Berühmtheit« ist geblieben. Gar keine so üble Berühmtheit, wenn man bedenkt, was heute noch von einstmals hochgeschätzten Gesetzesmachern und Gelehrten gelesen wird, die das Recht nicht nur systematisch aufgeschrieben, sondern zu neuen Ufern bewegt haben – und wie wenig »unterhaltende Rechtslektüre« überhaupt, heute gar, vorhanden ist . . .

Glückseligkeit, Staat und Rechtsgelehrte

Die göttliche Absicht, daß der Mensch glückselig und zu dem Ende auch gesellig lebe, wird nicht vollkommen erreicht, wann einer dem anderen nur das zugesteht, was er unentbehrlich zu seiner Erhaltung bedarf. Folglich muß auch auf die Commodität des Nächsten und daß man ihm das Leben dadurch angenehm mache, die Bedacht genommen werden.

Die dahin zihlende Pflichten bestehen in Gefälligkeit, Bescheidenheit, Mäßigkeit und Geduld.

Gefälligkeit wird nicht nur durch äußerlich freundlich und höfliches Bezeigen, sondern auch durch guten Rath, Dienstfertigkeit oder Guthtaten, soweit dieses alles ohne unser eigner großer Beschwernuß wohl geschehen kann, erwiesen.

Bescheidenheit leidet nicht, daß man sich seines Standes, Vermögens oder anderer Eigenschaften halber über seinen Nächsten viel erhebe und denselben geringer schätze, dann von Natur ist alles gleich und die Begabnussen, womit einer vor dem anderen in der Welt brillirt, wollen vor Gott und der vernünftigen Welt gar nichts sagen, gehen auch durch Unglück leichter wiederum verlohren, als sie gekommen seynd.

Deutliche Gesätz und Ordnungen leiden keine Auslegung. Man soll die Wort nicht drehen und foltern, sondern in gewöhnlich und landläufigem Stand nehmen. Denn der gemeine Brauch ist der sicherste Ausleger und man pflegt sich der Worten wie der Münzen zu bedienen.

Staat heißt eigentlich die bürgerliche Gesellschaft, welche aus Regenten und Unterthanen bestehet, um die gemeine Wohlfahrt mit vereinigten Kräften zu befördern, wozu der verderbte Menschen-Stand zwar Anlaß gegeben hat, weil sonst lauter fromme Leut gewesen wären, folglich auch keines obrigkeitlichen Schutz wider sie vonnöthen gehabt hätte.
Eine absolute Nothwendigkeit aber kan man gleichwol von solcher Gesellschaft durch die Vernunft nicht ausmachen, indem sowol der menschlichen Bedürft- als Bequemlichkeit durch andere Gesellschaften und Bündnussen ebenfalls gesteuert werden kan.
Solchemnach ist der erste Ursprung aller Republiken in der Geschicht aufzusuchen, da dann vor all anderen Meinungen am wahrscheinlichsten ist, daß Gewalt und Ehrgeitz den ersten Anfang gemacht haben, wie man insonderheit an Cain und Nimrod sieht.

Die Rechtsgelehrsamkeit bestehet nicht nur in gründlicher Känntnuß der Rechten, sondern auch in schicklicher Anwendung derselben auf die vorkommende Geschichte. Was hilft die theoretische Wissenschaft ohne würklicher Ausübung? Wie kann hingegen diese ohne jener mit Ehren bestehen?

Ein in der Praxis ungeübter Rechtsgelehrter ist nichts als ein elender Gesatznager und im Gegentheil ein halb- oder gar nicht studierter Praktiker nichts als ein Rabulist und Zungendrescher. Jener ziehet das Recht auf die Geschicht, dieser die Geschicht auf das Recht, beedes bey den Haaren.

Worinn die Haus-Fahrniß eigentlich bestehe, ist im gemeinen Recht nicht ausgemacht, dann was das römische Recht in sich halt, ist zum Theil sehr unverständlich, zum Theil auf unseren Zustand nicht anzuwenden, in dem es bey uns lang nicht mehr so prächtig wie bey den Römern zugehet, welche unter ihrem Kuchen-Geschirr mehr Gold und Silber gehabt haben als vielleicht jetzo ein reicher Edelmann in seinem ganzen Schatz-Kasten aufzuweisen hat. Dahero auch jetzt ein Author wünscht, daß sich jemand darüber machen und eine neu heutigem Welt-Brauch accomodirte [angepaßte] Specification von denen zum Hausrath gehörigen Dingen mittheilen möchte, damit nicht die Rechts-Gelehrte, wie es vielmal geschiehet, sich erst bey ihren Weibern darüber Raths zu erholen bemüßiget seyn möchten.

Was unter Frauen-Schmuck verstanden seye, wissen die Weiber oft besser als die Juristen zu sagen, und es musten so gar die Professores von Hall, als sie darüber consultirt wurden, selbst erst ihre Frauen vorher zu Rath ziehen, um ein gründliches Antwort hierin ertheilen zu könen. Man rechnet insgemein alles darunter, was von Gold, Silber, Perl und Edelgestein zur weiblichen Leibs-Zierde gehört, es seye gleich an Hals und Arm-Bändern, Schnürren, und Ringen oder Angeheng, Schuhschnallen und dergleichen.

Es mag der Mensch bey seiner Handlung denken was er will, wann er sich nur dem Gesatz gemäß äußert, so ist er äußerlich gerecht, ohne Unterschied, ob er aus Antrieb der Tugend oder aus Furcht der Straf und Widerwillen also gehandlet hat. Mehr erfordert der Zweck des Staats nicht, weil er nur in Erhaltung äußerlicher Ruhe und Sicherheit bestehet.

Minister, from und tugendhaft

Von Rechtswegen sollen zu offentlichen Ehrenämtern keine andere als würdige Leut employiert [angestellt] werden. Für würdig wird aber jener geachtet, welcher die zum Amt erforderliche Eigenschaften nicht nur besitzt, sondern auch allschon hinlänglich und sattsam beglaubte specimina davon gegeben hat. Ohne diesen reichen weder Recommendatitiae [Empfehlungen] noch Verdienst der Eltern Voreltern oder Befreunden hin. Zu allen Ämtern überhaupt werden Leut von from, tugendhaft, und ehrbaren Wesen erfordert. Nebst deme muß man auch so viele Geschicklichkeit haben, als das Amt seiner Beschaffenheit nach erheischt, indem nicht alle Amtsverrichtungen gleich, sondern sehr unterschiedlich seynd, mithin auch unterschiedliche, und jedem Amt angemessene Qualitäten erfordern. Dahero es bey der promotion allemal auf eine gute Känntnuß sowohl des Amts, als der Person ankommt, sonst wird der Fleck leicht neben das Loch gesetzt.

Pflichtsformel der Hofrathsordnung:

Getreulich zu rathen, und zu richten, das getreuest, und beste als ihm auf die Zeit, da man Raths pflegt, sein Gewissen, Pflicht, und Verständniß weiset, item daß er keinerley aus dem Rath sagen soll, davon Schaden kommen mag, sondern den Rath und was darin beschlossen wird, bis in seinen Tod verschweigen, auch keiner sonderbaren Parthey anhangen, oder ihr zu gut einen Beyfall suchen, auch die Sachen aus böser Meinung nicht aufhalten, oder verziehen helffen, weder Lieb, Freundschaft, Furcht, Neid, noch andere Ursach, oder Bewegung, sondern GOtt und die Gerechtigkeit allein vor Augen haben.

Gerechtigkeit, Freyheit, Wahrheit, Redlich- und Aufrichtigkeit seynd lauter wesentliche Stück derjenigen Pflicht, und Obliegenheit, womit ein Minister, Rath, oder Beamter, wann er sein Votum, Consilium oder Gutachten geben soll, zu werk gehen muß und zwar mit Gerechtigkeit, damit er weder GOtt, noch seinen Herrn oder das Gemeinwesen und den Nebenmenschen durch ungerechten Rathschlag beleidige. Mit Freyheit, damit er weder Lieb, und Freundschaft, noch Haß, und Neid, Furcht, Respect, Interesse oder andere Nebenabsicht praedominieren lasse, mit Wahrheit, redlich- und Aufrichtigkeit, damit er seinem besten Wissen, und Gewissen nach rede, sohin auch die Herrschaft weder durch vorgespiegelte Unwahrheit, noch hinterschlagene Wahrheit einführe. Nebstdeme soll er sich auch der Verschwiegenheit befleissen, damit von dem, was geheim bleiben soll, zum Schaden seiner Herrschaft oder anderer nichts ausgeplaudert werde. In Sachen von sehr großer Wichtigkeit wo es die höchste Noth erfordert, ist er seine Meinung auch unbefragter zu eröffnen schuldig, sofern er allen Umständen nach glauben kann, daß er damit auslangen werde. Von dem Rath soll er sich auch deswegen nicht absentieren, weil er weis, daß Sachen darinn vorkommen, wo er anderen ohne Verletzung seines Gewissens nicht beyfallen kann, dann vielleicht hätte er durch ein gründliches Votum andere auf seine Seite gebracht und dadurch einen ungerechten Schluß verhütet.

Dann man schreibt oft einem Minister, Rath, oder Beamten bey der verkehrten Welt für ein Verbrechen an, was ihm viel mehr zum Lob und Verdienst gereichen soll. Die Passion gehet auch manichmal so weit, daß sie die kleiniste Fehltritt für grosse Übelthaten anzugeben weis, wie es Marillac in Frankreich erfahren hat, welcher den Kopf um solcher Kleinigkeiten willen verlohr, daß man keinen Page derwegen mit Rutten hätte züchtigen mögen.

Aus dem Schaafstahl Christi

Der so distinquiert- als Verehrungswürdige geistliche Stand erfordert auch eine demselben ganz gleichförmige conduite und Lebensart. Überhaupt soll dieselbe so beschaffen seyn, daß allenthalben ein gesetzt, ansehlich, bescheiden, ehrbar, tugendhaft und gottesförchtiges Wesen daraus erscheine, mithin der inner- und ausserliche Mensch vollkommen übereinsstimmig seye.

Nichts last sich mit der geistlichen Ehrbarkeit weniger vereinbaren als der verdächtige Umgang mit dem weiblichen Geschlecht, welcher eben deswegen so sehr verbothen ist und ob man schon eine Köchin oder Dienstmagd nach Beschaffenheit ihrer Gestalt und Jahren oder guten Leumuths in geistlichen Haußhaltungen passieren last, so supponiert man doch, daß der geringste Argwohn nicht hierunter erscheine, oder das Publicum sich daran stosse, sonst leidet man dem Geistlichen eine solche Weibsperson nicht, wann es gleich seine leibliche Mutter, Schwester oder nächste Blutsverwandte wäre.

Trunkenheit, Fras und Füllerey stehet niemand und am wenigsten einem geistlichen an, daher er auch weder die Wirthshäuser, ausser der Reis, besuchen, noch den Mahlzeiten und Gastereyen viel beywohnen, vielweniger andere zum trinken reitzen soll. Alles, was nach Geitz und Geldgierde

riecht soll er als eine seinem ersten Institut zuwider lauffende Sach vermeiden, mithin weder nach übermässigen Gewinn und Wucher trachten, noch sich auf das im Kirchenrecht ohnehin nicht erlaubte Goldmachen verlegen, ja sogar nicht einmahl der Kirch zum besten, geschweigens für sich oder seine Erben viel Geld zusammen scharren.
Einen Comoedianten, Spielmann, Seiltänzer, Gauckler, Taschenspieler, Possenreisser, Klopfechter oder anderen solchen unehrbaren Professionisten zu machen gebührt sich für ihm keines Wegs. Nicht viel anständiger seynd ihm die schlecht oder schmutzige Handierungen, z. E. kochen, schlachten, Bier bräuen und dergleichen.
Offentlich Schauspiel welche nur zum Zeitvertreib müßiger Leuten dienen, oder gar mit unflätigen Zotten, und Possen angefüllt seynd, wie auch Tänz, Redouten, Masqueraden, Gesellschaften von beederley Geschlecht, nebst den Würfl- und all anderen Hazardspiel seynd lauter Sachen, welchen ein Geistlicher nicht einmal beywohnen, geschweigens selbst mitmachen solle.

Der Bischoff
Der Kardinal

Vor allem muß derjenige, welcher sich weihen lassen will, das behörige Alter und zwar zur Tonsur oder den ersten drey Weihen wenigst 7, zum Acolytat als der vierten Weihe 12, zum Subdiaconat 22, zum Diaconat 23, zum Praesbyterat 25 Jahr haben, jedoch dergestalt, daß das letzte Jahr mit dem Anfang für complet geachtet wird. Hiernächst wird nicht nur ein hinlänglicher Begrief des neu erwählten Stands, sondern auch der frey und ungezwungene Will desienigen, der hierzu aspiriert, nebst gut- und durch beglaubigte Attestata sattsam bescheinigten Sitten erfordert. Insonderheit ist ad Tonsuram vonnöthen, daß man sowohl im lesen und schreiben, als dem Catechismo gnugsam unterrichtet sey. Ad minores gehört die lateinische Sprach und soviel Wissenschaft, daß man die künftige Fähigkeit zu höheren Weihen daraus verspüren kann, ad Diaconatum, & Subdiaconatum aber gnüglich Information von diesem Amt und endlich zur Preisterweihe erprobte Capacität zum geistlichen Lehramt und Administrierung der heiligen Sacramenten.

Solchemnach schicken sich weder unmündige Kinder, noch wahnsinnige, oder neubekerrt- und aus dem Juden- oder Heidenthum ganz warm herkommende, weniger ehrlos und übelbeschreyte Leut ad Ordines. Ohne vorhergehenden Tauf und Firmung wird ebenfalls keiner zugelassen.

Gleichwie sich aber der Clerus durch die Reinigkeit der Sitten distinquiert, so pflegt er sich auch durch die Ehrbarkeit seiner Kleidung zu unterscheiden. Reich galoniert – oder mit Gold- und Silber gestickt – wie auch bunt- oder vielfärbige Kleider seynd für die Geistlichkeit nicht, sondern je dunkler die Farb, je glatt- und einfacher das geistliche Kleid, desto gebräuchlicher, ehrbarer und anständiger ist solches für jene, welche ihrem Stand nach von aller Pracht, Hoffart und Üppigkeit weit entfernt seyn sollen. So sehr aber das eitel und aufgeputzte Wesen hierunter zu vermeiden ist, so wenig soll auch eine allzu große Niderträchtigkeit, Unordnung, Schmutz und Unsauberkeit in dem geistlichen Aufzug regieren. Dann es sihet wenigist in den Augen derjenigen, welche nach dem äusserlichen Urtheilen, nicht ehrwürdig aus, wann ein Geistlicher, wie ein Bettler, mit zerissenen Kleid aufziehet und die Milchstraß auf seinem schwarzen Rock hervorleuchtet.

Die Geistlichkeit schliesset zwar das kanonische Recht obverstandenermassen vom Jagen, nicht aber vom Fischen aus, weil sich in der Schrift zwar heilige Fischer aber keine heiligen Jäger finden wollten. Wann dahero ein Geistlicher sonst des Fischens berechtiget ist, so stehet ihm das geistliche Recht hierinn nicht im Weeg.

Die Geistlichkeit hat so viele Vermuthung vor sich, daß ihre Invectionen [Schimpfreden], welche von der Canzl oder sonst von Amtswegen geschehen, für keine Beleidigungen genohmen werden, weil man die Leut nicht dadurch zu beschimpfen sondern nur zu besseren sucht. Die Glossa gehet mit ihrer Vermuthung für die Geistlichkeit so weit, daß auch der Kuß, welcher einer Frauensperson von einem Geistlichen beygebracht wird, nur aus Nächstenliebe und zum Segen geschehen zu seyn vermuthet, mithin für keinen Affront aufgenohmen werden soll. Allein GOtt bewahre uns vor dergleichen Segnungen. Sie werden sowohl in der grossen Litaney als dem Vatter unser mit dem libera nos alltäglich bey uns vorbetten.

Bey Päpstlichen Wahlen sollen zwar die Cardinalen, welche nicht längst inner 3 Tägen nach dem Eintritt in das Conclave zum Schluß kommen, mit schmaller Kost tractieret werden und weder zum Mittag noch Abendmahl mehr als eine einzige Speis, ja nach dem 5ten Tag gar nur noch Brod, Wasser, und Wein bekommen, es wird aber nicht beachtet.

Unter weltlichen Personen ist zwar der Bischof ebenfalls Richter, wann sie um den Rang bey Processionen oder Leichebegängnussen mit einander streiten. Die hiesige Landobservanz aber giebt ein anderes. Dann die Becken und Krämer von Straubing haben um die Praecedenz bey der Fronleichnamsprozession durch alle Churfürstl. justizdicasteria [Instanzen] mit einander gestritten, ohne daß sich das Ordinariat in diesen so kundbar als langwürrigen Stritt eingemengt hat. Im übrigen ist zwar der geistliche Stand an sich weit vortreflicher als der weltliche, giebt aber gleichwohl keinen hinreichenden Grund an die Hand, aus welchen sich die Praecedenz zwischen geistlich und weltlichen Personen ohne anderen Motiven entscheiden liesse. Sonst wurde auch der mindeste Votivist dem grösten weltlichen Regenten den Rang ablauffen.

Bei coadjutorie Wahlen gehet es fast eben so wie bei der Hauptwahl eines Bischofs, oder Praelaten selbst zu, und es fehlt hierunter an heimlichen intriguen bey jener oft so wenig als bey dieser.

Von der Welt-Geistlichkeit kommen wir auf die Ordensgeistlichkeit, welche sich obgedachterm massen durch die Communio, Ordensregul und Gelübde von der Weltgeistlichkeit unterscheidet. Man theilt solche in alt- und neuere Haupt- und Nebenorden ab. Unter die alte, welche nicht mehr existieren, gehören die Anachoreten, Coenobyten, Serbayten, Styliten, Studiten, Gyrovaganten, die haupt- und neuere Orden bestehen in Benedictinern, Augustinern, Franciscanern und Basilianern, aus welchen hernach weitere verschiedene Orden, und zwar aus den ersteren die Bernardiner, Cistercienser, Camalduenser und la Trappes, aus den anderen die Canonici oder Clerici regulares, Eremitae, Norbertiner, oder Praemonstratenser, Cajetaner, und Dominicaner, aus den dritten aber die Capuziner, Minoriten, Discalceaten und mehr andere entsprossen sind. Die Nebenorden, welche zu keinen von obigen Hauptorden gehören, seynd die Jesuiten, Carmeliten, Charteuser und Paulaner.

Es mag nun aber das Institut oder die Ordensregul so heilig, nützlich und auferbaulich seyn, als man immer will, kann solcher gleichwohl solang und viel nicht für geistlich angesehen werden, bis er von dem Römischen Stuhl dafür erkannt und ausdrücklich approbiert ist.

Je mehr der Schaafstahl Christi mit der Zeit erweitert wurde, je mehr mußte derselbe in besondere Hauffen vertheilt werden, und jemehr Hürten waren hierzu vonnöthen, damit jeder die ihm anvertraute Herd desto besser besorgen und in Administrirung der heiligen Sacramenten destoweniger Unordnung entstehen möchte. Dieses ist der erste Ursprung unserer heutigen Pfarreyen.
Wer in einer Stadt oder Markt oder gewisen Landbezirk aus höcherer Anordnung die Seelsorg mit Administrirung der heiligen Sacramenten und sonst zu führen hat, der wird eigentlich Pfarrer, zu latein Parochus und öfter auch Rector Ecclesiae oder Plebanus, all jene aber, welche Wohnsitz in sothanen District oder Kirchspiel erlangt haben, Pfarrkinder oder Parochiani genannt.
Die Eigenschaften eines Pfarrers oder Seelsorgers bestehen nicht nur in einem auferbaulichen Lebenswandl, hinlänglicher Wissenschaft und Amts-Information sondern auch in einem reiffen Alter wenigst von 24 Jahren. Nebst deme muß er nach seiner Installation längst inner 2 Monat die Catholische Glaubensbekanntnuß bey dem Ordinariat ablegen und inner Jahresfrist Priester werden.
Sein Amt bestehet hauptsächlich in administrirung der Sacramenten, und was dazu gehört, ausgenohmen die Firmung und Priesterweihe, als welche beede in das Bischöfliche Amt einschlagen. Hier-

nächst in der Ehesegnung und Copulation, Predigeramt und Kinderlehr, dann anderen nöthigen Unterricht und Ermahnung seiner Pfarrkinder, Aufsicht über die Schul und Vorsorg für Arme und Bedürftige, wie auch fleißiger Celebrirung der Heil. Meß und Aufopferung derselben für seine Pfarrkinder wenigst alle Sonn- und Feiertäg. Zu dem Ende soll er beständig in seiner Pfarr residieren, und ohne erheblicher Ursach, dann vorläuffiger Bestellung eines Vicarii, auch von dem Ordinariat erhaltener Erlaubnuß sich von dort entfernen. Seine übrige pfarrliche Rechte bestehen in offentlicher Verkündigung der Ehen, Ablässen, Feyr- und Fasttägen, Benedicierung des Tauf- und Weihwassers, geweihter Speisen und des Aschend am Aschermittwoch, item in Ertheilung der Licenz die Österliche Beicht ausser der Pfarr verrichten zu darffen, wie auch in der Begräbnuß und endlich in dem Zehend, Opfer, Stollrecht und anderen pfärrlichen Genuß.

Den Pfärrlichen Rechten im Zusammenhang mit dem Begräbnus wird weiter beygezählet, was dem Pfarrer des Todfalls wegen gebühret, und dieses wird wenigst hier zu Land das Seelgeraid- oder Seel-Recht genannt, dann die Geistlichkeit eignet sich die Seel fast eben so, wie der Herr den Leib zu: Was man nehmlich dem Pfarrer ausser des anderen Unkostens, so über Begräbnus, Besingnus, und Dreysigsten gehet, bezahlen muß. Nemlich von adelich- vornehm- und vermöglichen Personen bekommt der Pfarrer 6 Pfund Pfennig, von einem vermöglichen Burger 3 Pfund detto, von gemeinen Burgeren und Handwerks-Leuten 12 Schilling, von einem Tagwerker 3, und von armen gar nichts. Auf dem Land gibt ihm ein ganzer Baur 12 Schilling, ein Huber oder Lehner 6 und ein Söldner 3.

Die Leich- oder, wie es ein Author nennt, die Lügen-Predigt ist zwar wohl bey Protestanten sehr gemein, in Catholischen Landen hingegen nur bei Fürstlichen Sterb-Fällen üblich.

Die Immunität, deren sich die Kirchen und andere geweihet oder benedicierte Ort zu erfreuen haben, bestehet theils in dem Asylrecht, theils in der Unverletzlichkeit und Verehrung, welche denselben gebührt. Deswegen müssen nicht nur alle Gewalt-thätigkeiten der Orten unterbleiben, sondern es sollen solche nicht zu weltlichen Zwecken gebraucht, insonderheit aber sowohl civil als criminal Gerichtshändel, Reichs- und Landtags Conventen, Feil- und Handlschaften, Einquartierungen, Gastereyen, Schauspiel, Tänz, Spatziergäng, Compagnien, militarische Exercitia sammt all anderen, was Tumult oder Unruhe verursacht, darin unterlassen werden. Einen Contract in der Kirch abzuschlüssen geziemet sich zwar ebenfalls nicht, doch ist der Actus deswegen nicht Null.

Viele bilden sich ein, daß sie von dem Teufel sicherer wären, wann sie in der Kirch begraben liegen, welches aber eine grosse Einfalt ist, und den gringsten Grund nicht hat.

Und wird der Kirchweyhschutz nur alle Jahr einmal an dem Tag, da die Kirch gleich anfänglich eingeweyhet worden, exerciert; hier zu Land seynd nur folgende üblich: es laßt nemlich der Kirchweyh-Schutzherr das Fried-Gebott vor dem Wirthshaus oder sonst an einem seiner Jurisdiction unterwürfigen Ort durch den Gerichts-Diener ausrufen, und zum Zeichen des Friedens das Fähnl auf den Thurn aushenken, offentliche Tänz-, Kugel-, Spiel, Scheiben-Schiessen, Kramerey, und Feilhaltung kleiner Waar gestatten. Wie aber nun die Kirchweyh oder Körmeß auf solche Art in eine ganze Faßnacht degenerirt, und mehr auf Fressen, Sauffen und andere Lustbarkeiten als das löbl. Gedächtnuß der ersten Weihe andächtig zu erneuern angesehen ist . . .

In Schlachten, Stürmen und Scharmützeln

Bey Ertheilung der Ordre hat der commandierende Officier Discretion zu gebrauchen, indem die Ordre, welche man mit Grobheit und Unmanier ertheilt, selten recht vollzochen wird und öfter grosse Ungelegenheit nach sich ziehet, zu geschweigen, daß man bey dem Subaltern alle Lieb, und Estime dadurch verliehrt, welche ein vernünftiger Officier auf alle mögliche Weis zu erwerben suchen soll.

Der General Staab bestehet in dem Kriegsherrn oder Generalissimo selbst, sodann dem General Lieutenant, General Feldmarschall, General der Cavallerie, General Feldzeugmeister, General Feldmarschall Lieutenant der Cavallerie und Infanterie, General Feldwachtmeister der Cavallerie und Infanterie, General Quartiermeister, Generaladjutant, Pater Superior, General Quartiermeister Lieutenant, oder Staabsquartiermeister, erst und zweyter Feldmedicus, Staabschirurgus, Generalwagenmeister, Wagenmeisterlieutenant, Feldapotecker, mit einem Gesellen, Feldpostmeister, Feldcourier, Bothenmeister Hauptmann, Generalauditor Lieutenant, Gerichtsschreiber, Generalgwaltiger, oder Grandprofos, Profos Lieutenant, Freymann, Steckenknecht. Von der Feld Kriegskanzley gehört ferner zum Generalstab der Kriegssecreatrius, Registrator, Concipist, Kanzelist, Kanzleydiener oder Both, Kanzleywagen und Knecht. Von dem General-Kriegs-Commissariatamt der General-Kriegs-Commissarius, ober Kriegscommissarius, Feld-Kriegscommissarius, Kriegs-Commissariatsamts-Kanzleydirector, Amtssecretarius, Amtsregistrator, Buchhalter, Concipist, Kanzelist, Kanzleydiener, oder Both, Kanzleywagen und Knecht. Von dem Proviantamt der Proviantdirector, ober Proviantcommissarius, Feld-Proviantbuchhalter, Proviantverwalter oder Officier, Proviantwagen und Knecht. Endlich auch von dem Feld-Kriegszahlamt der Kriegscassier, Kriegszahlamtsoffizianten, Amtsschreiber, Both und Kriegscassa-Wagen samt den Knechten.

Die Subordination wird nicht nur durch Ungehorsam und Widersessigkeit, sondern auch durch Ausserachtlassung des den Oberen gebührenden Respects übertretten. Man verfehlt sich also hierwider ohne Ordre etwas unternimmt, ohne Erlaubnuß sich absentiert, oder bey seiner Zuruckkunft sich nicht alsogleich bey seinem Oberen stellt, oder ein Gemeiner in Gegenwart seines Officiers den Hut ohne Befehl aufsetzt. Item

wann ein Arrestant nicht längst inner 24 Stund von Zeit des verhängten Arrest um Entlassung bittet oder nach derselben sich nicht also gleich darum bedankt. Ferner, wann derjenige, welcher graviert zu seyn vermeint, die nächste Instanz mit seiner Beschwerte überspringt und gleich an die höchere, oder höchste Stell selbst lauft und bey der grossen Glogge zu leuten anfangt.

Wann sich derjenige, welcher schon Soldat ist, oder werden soll, mit Fleis und Vorsatz selbst untüchtig hierzu macht, so begehet er dadurch ein militärisches Delikt. Insonderheit wird dieses Verbrechen von jenen zu Schulden gebracht, welche in obiger Absicht ihre Gliedermassen stümeln, ihre Haar abschneiden, ohne Consens heuraten, einen Hund gefährlicher Weis todschlagen, Schergen- Schinder- oder Henkerdienst verrichten und was dergleichen mit dem Soldatenstand incompatible Handlungen mehr seynd.

Das Haar abschneiden wird dem gemeinen Mann sowohl unter der regularen Mannschaft, als Landmilitz darum als Verbrechen angeschrieben, weil man ihm keine Paryque gestattet, und das gestutzte Haar sich weit besser für einen Mönch als Soldaten schickt. Eingeflochtene praetendiert man eben nicht, sondern nur unbeschnitten und von Hinten zugebundne Haar. Das erstemal bey Leibsstraf, das andremal aber wird der Pursch eben darum, weil er mitls der gestutzten Haaren der Militz zu entgehen gesucht hat, auf 4 Jahr lang darunter gestossen und obligat gemacht.

In Schlachten, Stürmen, Scharmützeln, Rencontren ist der Soldat nicht nur Stand zu halten, sondern auch der Ordre gemäß den Feind selbst herzhaft anzugreifen und nach Möglichkeit zu streiten schuldig. Wer sich dessen weigert oder ohne Noth an den Feind ergiebt oder ausreisst, der hat Leib und Leben verwürkt. Und kann jeder einen solchen Ausreisser auf der Stell niederhauen, schüssen oder stossen. Falls aber ganze Regimenter und Compagnien ihere Schuldigkeit hierin manquieren, so müssen die Schuldige loosen und wird nur der fünft oder zechente Mann hingerichtet, die übrige aber so lang schlecht angesehen, bis sie durch bessere Thaten ihre Scharte widerum ausgewetzt haben. Die Furcht entschuldigt hierin nicht. Dann die Tapferkeit und Unerschrockenheit, welche bey andern nur eine Tugend heist, ist bey Kriegsleuten eine Nothwendigkeit und die Lachete oder Poltronierie [Feigheit] das gröste Laster.

Die Straffen der Kriegsleuten werden eben so, wie die Verbrechen, in gemeine und militarische getheilt. Unter die letzte gehört das arquibusieren, spiessen und henken, dann obwohl das letzte auch anderen gemein ist, so haben die Soldaten fast aller Orten einen besonderen Galgen, woran man sie länger nicht als bis auf den Abend hangen last. Die grössere Leibsstraffen bestehen in den Spitzrutten, oder härterer Bastonade, dann Nasen und Ohren abschneiden, welch letztes aber nicht leicht mehr geschihet, weil nicht nur die Delinquenten selbst, sondern auch andere dadurch gestraft werden, welchen sie des unleidentlichen Gestanks, und anderer Ursachen halber beschwerlich fallen. Die geringe Straffen bestehen in dem Waffen- oder soviel die Cavallerie betrift, im Sattel tragen, auf dem Esel- oder bey der Artillerie auf dem Stuck- und bey der Cavallerie ohne Sporren reuten. Item in mässiger Bastonade, Strafwacht, geschlossen oder ungeschlossen bei dem Profosen sitzen, in Säuberung des Lagers, oder Campierung außerhalb desselben. An der Ehr werden die Kriegsleut gestraft, wann man sie mit oder ohne offentlicher Ceremonie als Schelmen von dem Regiment jagt, ihre Nämen an den Galgen schlagt, oder in der Musterroll den Galgen zum Namen hinsetzt.

Ob man in Feinds Land nach Gutbedunken sengen und brennen, Gebäu niederreißen, Wälder, Weinberg und fruchtbare Bäum umhauen, Berg- und Salzwerk verderben, Fabriquen zerstören, Häfen und Schleußen demolieren darf, seynd meistentheils noch unausgemachte Sachen, wobei man die Reguln der Gerechtigkeit, Billichkeit, Klugheit wohl auseinanderzusetzen hat. So viel ist ausser Zweifel, daß man Fortificationes, wie auch bey bevorstehender Belagerung die im Weeg stehende Gebäu und ganze Vorstädt demoliren und wegbrennen kan. Desgleichen wird auch dem Völker-Recht nicht entgegen zu seyn geglaubt, wann gegen feindliche Ort, welche die Brandschatzung hartnäckig verweigern oder die bereits niedergelegte Waffen von neuen offensive ergreiffen, mit Sengen und Brennen angreift. Nur destomehr gehet solches bey festen Plätzen mittels des Bombardement an und wann will auch ein gleiches von offenen Orten glauben, wo sich feindliche Magazins befinden. Andere Ort hingegen mit Fleiß zu Grund zu richten und dem Feind zumal auf unersetzlich- und landverderbliche Weis Schaden zu thun, ohne daß es die Nothwendigkeit oder unser Nutzen erfordert, wird nicht gebillichet.

Bey der Reiterey ist auch die Paucke ein besonderes Ehrenzeichen, dessen sich aber nur die Garde zu Pferd nebst den Curassierreitern zu erfreuen hat. Die übrige Cavallerie bedient sich nur der Trompete und Trummel, oder soviel die Husaren betrift, der Trompete allein, es seye dann im Feld eine Paucke von dem Feind erobert worden, in diesem Fall kann das Cavallerieregiment, welches sothane Eroberung gemacht hat, die eroberte Paucke führen, hingegen verlieren auch die berechtigte Cavallerieregimenter ihr Recht, wann sie im Feld um ihre Paucke kommen und zwar so lang, bis sie entweder durch besondere Gnad, und Dispensation, oder durch Beute wiederum eine andere erlangen. Das klingende Spiel ist soweit ein Ehrenzeichen, daß man bey Belagerungen nur jene, welche sich wohl gehalten und eine honorable Capitulation erlangt haben, damit ausziehen last.

In einer alt-gedruckt-Bayrischen Kriegs-Ordnung, jedoch unter unbenanntem Dato, lieset man die Wort:
In jeder Besatzung sollen zwey oder drey Frauen sein, die Jedermanns Weib seynd, und soll nicht darunter geeifert werden oder der Hauptmann dencken, daß er sie allein haben wolte. Ob nun dieses etwan nach damaligem üblen Gebrauch Weiber in forma, oder wie ich glauben will, nur tolerirte Regiments-Huren gewesen seyn, das laßt man dahingestellt seyn.

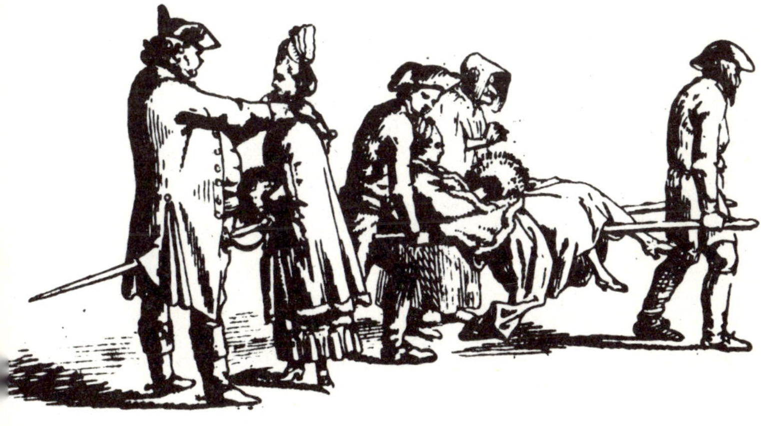

Heirath und Verlobniß,
mit Herz und Mund

Es findet sich nichts an einem Pactum wie der Verlobniß, was der Vernunft zuwider seyn könnte. Vielmehr ist es der göttlichen Absicht völlig conform, weil diese nicht schlechterdings auf die Fortpflanzung des menschlichen Geschlechts, sondern auch, daß solche auf bequem- und vernünftige Weis geschehe, offenbar abzihlt, massen hierzu kein vernünftigeres Mittel seyn kann als die Ehe, anerwogen all übrig- undordentlicher Beyschlaf mehr zu Wollust als Erzeugung der Kindern oder wenigst nicht auf gute Erziehung derselben, mithin auch nicht zur Beförderung ihrer Glückseligkeit so tauglich und bequem ist.

In der Regel ist jeder fähig, zu heyrathen, soweit ihm kein rechtliches Hindernis für beständig oder wenigst auf eine Zeit im Wege steht. Unter den Ehehindernissen, welche die Ehe selbst entkräften, gehört erstlich der Zwang. Dahingegen ist es kein widerrechtlicher Zwang, wann der Vatter denjenigen, welchen er in flagranti mit seiner Tochter attrapirt [ertappt], unter schweren Drohungen zur Ehe anhält.

Die Ehe-Verlobniß seynd noch keine würckliche Ehe, sondern nur ein vorläufiges Versprechen derselben und obwohl es für die Ehe nicht wesentlich ist, daß man sich vor der Trauung förmlich gegen einander verspreche, so bringt es doch der gemeine Welt-Brauch samt dem Wohlstand und der Wichtigkeit des Geschäfts also mit sich, dann es siehet gar zu viehisch und unvernünftig aus, wann man ohne vorläufiger Abred so wilderdings, wie ein toller Hengst in den Ehestand rennt.

Gleichwie im Konzil von Trient die Verheiratung fremder, vagirender, unbekannter Leuten ausdrücklich verboten ist, also hat es auch mit arm- und unvermöglichen Leuten die nemliche Beschaffenheit, dann dergleichen Ehen seynd dem gemeinen Wesen wegen des beschwerlichen Unterhalts solcher Leuten und ihren Kindern höchstschädlich und nachtheilig, indem sie sich selbst auf ehrliche Weis nicht zu nähren vermögen, folglich entweder rauben und stehlen oder dem Publico sonst zu Last fallen müssen.

Ohne beederseitige Einwilligung kan keine Ehe oder Ehe-Verlobniß bestehen. Seynd derowegen all jene davon ausgeschlossen, welchen es entweder an Willen oder genugsamen Begrif bey der Sach ermanglet, z. E. unmündige Kinder, Blöd- und Unsinnige, starck Betrunckene, desgleichen Erzörnte, wann sie sich vor Zorn nicht verwissen. Verschwender werden den Unsinnigen nur in der Verwaltung ihrer Güter gleichgesetzt, nicht aber in Ehe-Sachen, folglich auch unter diesem Vorwand von der Heirath nicht ausgeschlossen.

Das fünfte Ehehindernis ist die bereits mit einer anderen Person würcklich noch bestehende Ehe. Dann die Polygamie, da ein Mann mehr Weiber hat, oder Polyandria oder Polyviria, da ein Weib mehr Männer hat, lauft nicht nur gegen kirchliches und bürgerliches Recht, sondern auch gegen göttliches Recht. Vor dem Konzil von Trient scheint man in diesem Stuck anders gedacht zu haben, wie die häufigen Beispiele, zumal von illustren Personen zeigen. Heut zu Tag ist und bleibt sowol die Polygamie und Polyandrie eine unerlaubte und allen im Römischen Reich recipirten Religionen zuwiderlauffende Sach. Es versteht sich aber all Obiges nur die gleichzeitige Bigamie, ein anderes ist es im Nacheinander, da man mittels der zweyt-, dritt- oder weiteren Ehe nach und nach mehr Männer oder Weiber bekommt, dann dieses ist nicht verwehrt. Desgleichen ist auch nicht die Rede von der bloßen Schein-Polygamie, da man mehr Weiber nur, wie Hand-Pferd zur Parade hat.

Solchemnach muß der Wille auch in Ehesachen durch äußerliche Zeichen zu Tag gelegt werden. Über den Ehekonsens, welcher vor dem Priester bei der Vermählung selbst geäußert wird, kan und wird sich so leicht kein Disput ereignen, weil man hierbey mit deutlicher Frag und Antwort nach dem vorgeschriebenen Rituali verfahrt, und mit der Einred, daß das Herz anders gedacht als der Mund gesprochen hätte, wird derjenige Theil, welcher sich nur zum äußeren Schein also angestellt hat, gar nicht mehr angehört sondern vielmehr gestraft und zum Vollzug der Ehe angehalten.

Die Verlobniß hingegen, welche keine gewisse Formel hat, sondern auf selbst beliebiger Ausdruckung beruhet, wird viel leichter angefochten, wann die Wort nicht recht klar, sondern zweifelhaft, zweydeutig oder nur scherzhaft zu seyn scheinen, z. E. die Wort: Mein auserwählter Schatz, mein Weiberl, meine Einzige auf Erden und dergleichen Caressen. Mit Wercken wird zugestimmt durch das Hauptnicken oder Handgeben, nachdem man vorher um die Ehe angsprochen worden ist. Von dem Ring sagt das Sprichwort: Ist der Finger beringt, ist die Jungfer bedingt.

Die Ehe ist eine zwischen Mann und Weib um Erzeugung der Kindern und gegenseitigen Beystands wegen gestiftete unzertrennliche Gemeinschaft. Daraus erhellet erstlich der Unterschied

zwischen der Ehe, dann dem Concubinat und all anderen unordentlichem Beyschlaf, dann wann gleich auf diese Art ebenfalls Kinder erzeugt werden, so mangelt es hierbey doch an der Unzertrennlichkeit des Bands. Die Ehe wird in Legitimum, Ratum, Consumatum getheilt. Unter der ersten versteht man eine solche, welche mehr aus dem Naturrecht, wie z. E. unter Juden oder Unglaubigen besteht, Ratum beruhet auf der Priesterlichen Einsegnung, Consummatum aber auf den folgenden Beyschlaf. Der nur eingesegneten Ehe wurden vor diesem die bürgerlichrechtlichen Wirkungen in Deutschland versagt, dann das Ehebeth muste wenigst auf den Schein beschritten und die Decke beschlagen seyn, welches auch heut zu Tag noch bey Fürsten-Personen und an vielen Orten Deutschlands gar unter Privatpersonen üblich ist. Hier zu Land aber bleibt es in diesem Stück bey der gemeinen Rechts-Regel. Da demnach die Ehe gleich durch die Priesterliche Einsegnung zur Perfection kommt, so kan solche auch noch auf dem Todbeth und im letzten Augenblick, sofern man nur noch bey genugsamen Verstand ist, zu Stand kommen. Deßgleichen folgt, daß man auch die sogenannte Josephs- oder Keuschheits-Ehen, wovon aus den älteren Zeiten viele Beispiele angeführt seynd, für kein Schattenspiel, sondern für wahre Ehen anzusehen habe.

§ 12 des kurbayerischen Landrechts lautet:

Die Pflichten und Rechten der Eheleuten, soviel ihr eigene Person betrift, bestehen 1. in Erweisung beständiger Lieb und Treue, dann der Beywohnung und all nöthigen Beystand, wie nicht weniger in dem ehelichen Beyschlaf, welcher ohne Rechtserheblicher Ursach einem Theil von dem anderen nicht versagt werden kan. Insonderheit wird 2. der Ehe-Mann für das Haupt der Familie geachtet, dahero ihm seine Ehegattin nicht nur in Domesticis subordinirt und untergeben, sondern auch zu gewöhnlich- und anständigen Personal- und Haus-Diensten verbunden ist, wozu sie 3. von ihrem Mann der Gebühr nach angehalten, und benöthigten Falls mit Mäßigkeit gezüchtiget werden mag.

Das Züchtigungs-Recht sowol mit Worten als Wercken ist ebenfalls ein Ausfluß der ehemännlichen Gewalt und gründet sich zum Theil im göttlichen Recht selbst, wann die Schweitzer-Version richtig ist, nach welcher die Wort der Schrift: Vir dominabitur tui (er wird dein Herr sein) auf deutsch soviel heißen, als er wird dich peinigen und kneipen. Es kan sich auch das weibliche Geschlecht solches umso minder verschmähen lassen, als diese Ehr der Göttin Juno von Jupiter selbst öfter widerfahren ist. Nur ist hierbey erforderlich, daß solches aus erheblicher Ursach, und mit Mäßigung geschehe, damit das Züchtigungsrecht nicht in Grausamkeit ausarte.

Man allgirt vor das Frauenzimmer unter anderen auch ein großes Exempel an Kaysers Justiniani Gemahlin Theodora, welche den Stiel umgekehrt, und über ihren Gemahl die Herrschaft nicht nur mit Worten, sondern auch öfters mit Wercken geübt haben soll.

Daß dem Ehemann die Direction und Herrschaft über seine Ehefrau gebühre, hat nach dem positiven göttlichen Recht wohl seine ungezweifelt gute Richtigkeit. Ob dieses aber auch göttlichen und der Natur Rechts seye, ist strittig, und wollen viele den Ehestand nach dem Recht der Natur lediglich so ansehen, worin keins dem anderen subordinirt seye.

Dieweil sich aber das männliche Geschlecht schon so lang in dem Besitz der Herrschaft befindet, so scheint dieser Disput mehr spitzfindig als nutzlich zu seyn, in dem sich die Inhabere wohl nimmermehr aus ihrem herbgebrachten Besitzstande durch das weibliche Geschlecht heraussetzen lassen werden.

Solchemnach ist und bleibt der Mann das Oberhaupt sowol von seiner Frau, als der ganzen Familie, wohingegen sie ihm ein für allemal subordinirt und untergeben ist.

Unser Gesetz weiset die Ehefrauen dahin an, daß sie ihrem Mann nicht nur im Hause gehorchen, sondern auch gebührenden Respect bezeigen, und nicht weniger gewöhnlich- und anständige Haus- und Personal-Dienst erweisen sollen.

Ohne zusammen zu leben und ohne gegenseitigen Beystand wird die von der Natur abgezihlte beederseitige Bequemlich- und Glückseeligkeit wenig oder gar nicht erreicht, folglich seynd die Eheleut auch hierzu verbunden, dergestalt, daß sie nicht nur in einem Haus beysammen wohnen, sondern auch zu Tisch und Beth sich nicht absondern sollen, welches jedoch nicht so genau aufs Nägele genommen wird.

Dann daß sich ein Ehegatt zu Besorgung nöthiger Geschäften nicht nur auf kurze Zeit, sondern aus schwerem oder öffentlichem Grund auf länger wider Willen des anderen Ehegattens entfernen könnte, ist außer allen Anstand. Dahero sich z.E. eine Officiers-Frau nicht beschweren kan, wann ihr Ehemann zu Kriegs-Zeiten in das Feld ziehet und sie nebst ihren Kindern zurucklaßt.

Armuth und andere unglückliche Begebenheiten seynd keine hinlänglichen Ursachen, auseinanderzugehen, dann man muß in Freud und Leyd zusammenhalten.

Viele seynd der Meinung, daß eine Frau ihrem Lands-verwiesenen Ehemann in das Exilium zu folgen schuldig seye, welches jedoch unser Gesetz nicht billichet. Gleiche Meynung hat es auf den Fall, wann sich der Mann erst während der Ehe auf das Vaganten-Leben verlegt, dann wer kan da einer Frauen mit Billichkeit zumuthen, ihrem

Mann mit Sack und Pack Kind und Gesind allenthalben nachzuziehen und eine so unbequeme Lebensart, woran sie anfänglich nicht gedacht hat, mit ihm zu erwählen.

Stelle man sich nur einerseits zwey uneinig Eheleut da eins dort und das andere dahin aussiehet, zur Prob vor und betrachte andererseits ein wohl verglichenes Paar dagegen, so wird sich ein Unterschied wie zwischen Himmel und Höll finden, und so unglücklich die erste seynd, so glücklich hingegen hat man die andere zu schätzen, indem sich bey einer so einig- und wohlgetroffenen Ehe die allernatürlich- und vollkommenste Freundschaft befindet, mit welcher all übrige Vereinigung menschlicher Gemüther bey weitem in keine Vergleichung kommen kan.

Ein Ehegatt haftet für das andere nicht und das Französische Sprichwort, wer eine Frau heirathet, heirathet ihre Schulden, gehet bey uns nicht, sondern jeder zahlt seine Schulden selbst.

Schankungen, welche sich Eheleut währender Ehe einander machen, seynd von keiner Giltigkeit und zwar aus der Ursach, damit sich nemlich Mann und Weib nicht aus lauter Lieb einander ausziehen möchten.

Nach Absterben eines Ehegattens kan das Überlebende alsofort wiederum zur weiteren Ehe schreiten, und dieses nicht nur das zweyte- und drittemal, sondern so oft sich der Fall ereignet. Immassen sich der Fall zugetragen haben soll, da eins von beeden Eheleuten bereits 20- und das andere 22mal geheyrathet war.

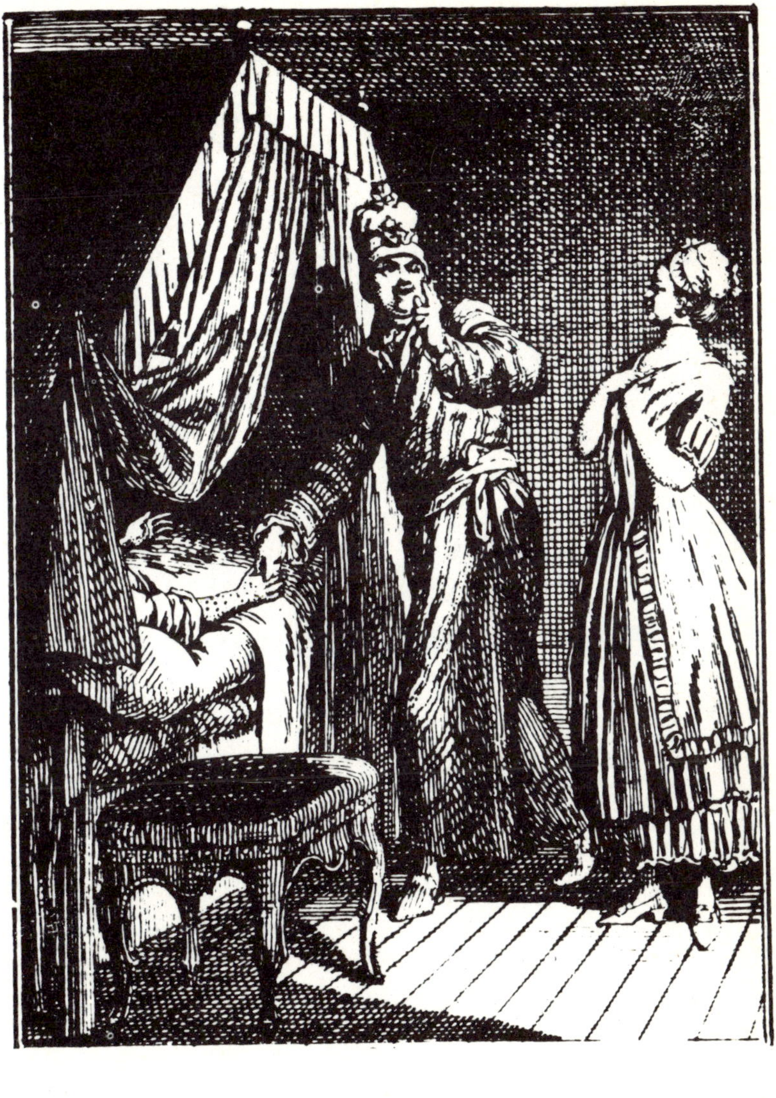

Von Eltern, Kindern und bewachten Frauen

Kinder seynd ihren Eltern nicht nur zu gebührendem Gehorsam, Ehrfurcht und Dankbarkeit, sondern auch, solang sie den Unterhalt von ihnen genießen, zur gewöhnlich- und anständigen Dienstleistung verbunden, ohne daß sie derwegen eine besondere Belohnung zu fordern hätten, ausgenommen, wann ihnen für ihre Mühe, Dienst und Arbeit ausdrücklich etwas bedungen ist, wie solches nicht nur die Meynung der Rechtsgelehrten, sondern auch zum Theil das Recht der Natur und die zehen Gebot Gottes selbst deutlich mit sich bringen.

Seynd die Eltern etwan unter sich selbst nicht einig und befihlt eines dem Kind schwarz, das andere weis, so hat der Vatter billich vor anderen den Vorzug. Diese Regul wird durch verschiedene Umständ vielmal begrenzt, zum Exempel, wann der Vatter ein bekannter Bösewicht ist, von welchem man nichts als Mißbrauch seiner vätterlichen Gewalt zu gewärtigen hat, wer wolte wohl in solchem Fall ihm vor der Mutter oder anderen Großeltern den Vorzug lassen?

Die Gefangenschaft bey Türken und Ungläubigen hebt die vätterliche Gewalt nicht auf, sondern hindert nur ihre Ausübung und würkt soviel, daß solche einsweilen währender Minderjährigkeit der Kindern durch Pfleger vertretten wird.

Nebst deme muß man bey Auflösung der vätterlichen Gewalt obbemeldeten Unterschied zwischen der natürlichen und der rechtlichen vätterlichen Gewalt wohl vor Augen haben, dann die erste bleibt nichtsdestoweniger noch stehen, wann diese letztere gleich weggefallen seynd. Also ist und bleibt z.B. der Sohn dem Vatter zur lebenslänglicher Dankbarkeit und Ehrerbietung verpflichtet, er mag gleich seyn und werden, was er immer will und kann ihn sogar die Reichsständische Hoheit, Souveränität oder Königliche Würde nicht davon befreyen.

Die vätterliche Gewalt wird entweder durch den Tod oder die Entlassung aufgehoben. Bei der Entlassung sind bey den Römern Feierlichkeiten üblich geweßt, welche sie aber nach der Hand selbst wieder abschafften. Von den Dißfalligen Zeremonien der alten Deutschen, wovon noch ein so anderes hier zu Land, wie auch in Franken und der Orten bis ins 15. Jahrhundert übrig geblieben ist, ist man heut zu Tag darüber hinaus.
Erstens muß heut die Entlassung mit ausdrücklich klaren Worten, zweytens vor offenem Gericht und drittens mit beederseitiger Bewilligung dessen, der entläßt und dessen, der entlassen wird, geschehen. Die beederseitige Bewilligung wird öfters aus erheblichen Ursachen von der Obrigkeit ersetzt, sohin die Entlassung mehr von Amts wegen vorgenommen, und zwar auf Seiten des Vatters, wann er z.B. die vätterliche Gewalt mißbraucht, z.B. durch exzessive Schärfe und Grausamkeit gegen die Kinder, dann derselben Verkuppl-, Verführ- oder Vernachlässigung. Auf Seiten des Kindes wird die Übereinstimmung ersetzt wann sich solches so ungehorsam und widerspenstig bezeigt, daß keine *Correction* mehr helffen will, dann dergleichen unbändige Kinder ist der Vatter zu behalten nicht schuldig.

Unter die Entlassung aus vätterlicher Gewalt gehört führnemlich die Absonderung der Kinder von vätterlicher Haushaltung. Dann sobald die Kinder an Verstand so reif seynd, daß sie sich selbst leiten mögen, sobald fällt von Naturrechts wegen die vätterliche Gewalt weg, weil die nöthige Auferziehung entfällt.

Wie weit nun die Absonderung geschehen müsse, ist dahin bestimmt, daß nur jene Kinder für abgesondert zu halten, welche dem Vatter nicht mehr auf dem Brod und Unterhalt stehen. Es ist demnach die Meynung ganz irrig, welche eigenen Rauch und Herd hierzu erfordert, dann es kan sich auch einer mit seiner ganzen Familie von einem Tracteur über die Gassen speisen lassen. Es ist irrig, wann man besondere Wohnung, oder besonderen Tisch hierzu verlangt.

Endlich ist auch irrig, wann man den vätterlichen Beytrag an Kost, Wohnung, Kleydung, Geld, Naturalien und anderen zur Besseren Aushülf der Kindern dienlichen Vorschub für eine absonderungswidrige Sach halt.

Alles, was außer der Ehe erzeugt ist, wird für keine ächt- und rechtmäßige Geburt geachtet. Die aus unehelicher Geburt werden überhaupt Bastarden oder Bankhart genannt und seynd dryerley und zwar jene, welche von zwey ledigen Personen erzeugt synd, die zur Zeit der Erzeugung hätten zusammen heyraten können.

Die von zweyter Gattung synd die, welche zwar von zwey ledigen und solchen Personen, die damals zusammen hätten heyraten können, jedoch von einer in offen und gemeiner Unzucht lebenden Mutter erzeugt seynd.

Von der dritten Gattung synd die von verdammter Geburt, das ist solche, zwischen deren Eltern zur Zeit der Erzeugung keine Ehe hat bestehen können, welche nemlich in Ehebruch, Blutschand oder von einer geistlichen Person oder aus dem Zusammensein von Christen mit Juden oder Heiden erzeugt seynd.

Über die Rechtmäßigkeit der Findlkindern ist unter den Rechts-Gelehrten ein großer Streit. Unser Codex zehlt sie den ersten bey, dann obwohl dergleichen Kinder gemeiniglich nur in Unehren erzeugt werden, so vermuten doch die Rechte im Zweifel allzeit das Bessere. In Portugall halt man sie nicht nur für rechtmäßig, sondern gar für adelich, weil sie vielleicht von adelichen Eltern herkommen seynd.

Wenn der Vatter seinen Sohne, oder dieser jenen nicht dafür erkennen will, ist die erste Regul, daß die von der Ehefrau in rechter Zeit gebohrne Kinder allemal dem Ehemann beygemessen werden, welches auch in gesunder Vernunft guten Grund hat.

Sobald demnach die Ehe einmal dargethan ist, sobald wird die Rechtmäßigkeit der hierinn erzeugter Kindern ohne weiterer Prob angenommen, doch hat auch noch eine Gegen-Prob statt, welche jedoch sehr stark und vollkommen dargelegt seyn muß, z.B., wenn man zeigen kann, daß das angebliche Kind nur unterschoben worden oder der Ehemann vielleicht allzulang andauernder Abwesenheit halber seiner Frau in der bestimmten Zeit unmöglich habe beywohnen können, welches Argument in Engelland nicht zugelassen wird, sofern der Ehemann nicht inner obiger Zeit auch außer den vier Meeren zu seyn darthun kann.

Der Text des Gesetzes ist klar und in der Natur begründet, dann die Leut werden nicht, wie die Bäume, von fern schwanger.

Damit auf Absterben des Ehemanns oder bey vornehmender Ehe-Scheidung von der Frauen weder durch simulirte Schwangerschaft ein fremdes Kind eingeschoben noch ein rechtmäßiges durch Abläugnung vorenthalten werden kann, so ist versehen, wie man hierwider vorzukehren habe, welches auch heut zu Tag noch sowol unter Privatne als auch unter Standspersonen umso üblicher ist, je mehr der Erbfolge nach oder sonst daran gelegen seyn will.
Und da nun in diesem Fall den Befreunden des Ehemanns daran liegt, von der angeblichen Schwangerschaft eine Gewißheit zu haben, so mögen sie zu diesem Ende eine Leibesuntersuchung begehren. Nach deutschem Recht mußte die Besichtigung an einem dritten Ort in Gegenwart fünf anderer Frauen von fryem Stand durch drei Hebammen zu gleicher Zeit geschehen. Heut zu Tag aber geschiehet solche nur durch eine Hebam in Beyseyn zwei verständig unpartyischer Frauen. Bei fürstlichen Personen gehet es freylich mit weit mehr Solennitäten hierunter zu und kan unter anderen die verwittibte Herzogin von Parma zum Beispiel dienen, wovon der Bildersaal folgendes schreibt:

»Weil der spanische Hof von der ganzen Schwangerschaft nichts halten wolte, so wurde den 1sten Junii anno 1731 eine Inspection vorgenommen,

welche in Gegenwart der verwittibt älteren Herzogin Dorothea, dann fünf Parmesanischen Damen, dreyer Medicorum und eines Chirurgi durch fünf verschiedene Hebamen von unterschiedlichen Nationen verrichtet wurde. Da sich der Graf Stampa, dann die spanische und andere Ministri nebst den Generals in dem Vorzimmer befanden, vor welchen bemeldte Hebamen die Schwangerschaft der Herzogin eidlich bekräftigten, worüber man ein Notariats-Instrument errichten ließe.«
Zuweilen wird solche Inspection auch wiederholt, wie es bey obgedachter Herzogin von Parma geschehen ist.
Auf die Inspection folgt die obrigkeitliche Bestellung nöthiger Aufsicht über die schwangere Frau. Darüber schreibt das römische Recht vor: es soll nemlich die Frau während der Schwangerschaft nicht in eigener, sondern anderer von der Obrigkeit bestimmter Behausung einer ehrlichen Frauen wohnen. Das Zimmer, worin sie wohnt und niederkommt, soll nur einen einzigen Zugang haben, die übrige hingegen mit Brettern verschlossen werden. In dem Vorzimmer müssen sich drey ehrliche Manns- und eben soviel Frauens-Personen freyen Standes nebst zwey Stuben-Mädlen befinden. So oft die Frau in das Baad oder auf einen Ort gehet, so oft soll man diese Ort voraus besichtigen, auch ohne vorläufiger Visitation nie-

mand den Zutritt zu ihr gestatten. Bey annahender Geburt soll man alle Interessenten oder ihre bestellte Anwäld zeitlich beruffen, welche auch einige, jedoch nicht mehr als fünf ehrliche Frauen dahin abordnen mögen. In dem Zimmer der Niderkunft sollen zu Nachtszeiten wenigst 5 Lichter brennen, und es darffen sich darin nicht über 10 Frauen und 5 Mägd befinden, welche auch vorher sammetlich visitirt werden sollen, um zu sehen, ob keine unter ihnen schwanger seye. Endlich soll man das Kind den anwesenden Interessenten nicht nur gleich nach der Entbindung, sondern auch nachhero von Zeit zu Zeit vorzeigen.

Das mißtrauische Naturel der Italiänern mag zwar wohl zu dieser weitläufigen Verordnung beygetragen haben und scheint dahero für unser Deutschland nicht recht applicabel zu seyn. Wann man aber die wegen der verwittibten Frau Fürstin von Nassau-Siegen ergangene Reichs-Hof-Raths-Beschluß ansiehet, so bezeigt sich hieraus, daß man auch in Deutschland sogar bey fürstlichen Personen nicht viel weniger Vorsicht in dergleichen Umständen zu nehmen pflege. Dann es wurde damals die zur Bewachung des Leibs ernannte kaiserliche Kommission nicht nur überhaupt, zu vorsorglichster Vorkehrung dessen, was die Rechten hierinn verordnen, sondern auch besonders verfügt, daß man alle Zugäng in das Cabinet ver-

wahren, die zweyte Thür nebst dem Camin mit Backstein vermauren, das kleine Cabinet mit Notariats-Petschaften versigeln, Wänd und Fenster nebst der Dielen unter der Bettstatt durch Notare visitiren, den von der Kommission benannten Damen und Matronen in dem nemlichen Stock, wo die Frau Fürstin wohnte, einige an das fürstliche Schlafzimmer ganz nahe anstoßende Zimmer anweisen, kein schwangeres Weibsbild gedulten, verschiedene Gezeugen, welche dem Geburts-Act beizuwohnen hatten, in Eids-Pflicht nehmen und über all dieses auch der Gräfin von Leyen auftragen ließ, daß sie der Niderkunft selbst beywohnen, auf alle daselbst vorgehende Umstände wach- und aufmerksam seyn, wie auch sonst bey den Visiten alle Gefährden mit möglichster Sorgfalt zu verhüten trachten solle.

Hier zu Land aber macht man so viele zum Theil sehr kostbare Anstalten nicht, sondern man nimmt eine oder höchstens zwo ehrbare Frauen in obrigkeitliche Pflicht mit dem Auftrag, daß sie der schwangeren Wittib nicht nur bis zur Geburtszeit beständig Gesellschaft leisten, sondern auch der Niderkunft unter anderen selbst persönlich mit beywohnen und überhaupt Obsicht hierauf tragen sollen, damit kein Betrug oder gefährlicher Unterschleif passire, wie es in Sonderheit mit der in gesegnetem Stand nachgelassener Frau Gräfin von

Törring zu Pertenstein beobachtet worden, welcher man nur eine einzige Bürgermeisters-Frau zu Ingolstadt zur Wache beygegeben.

Es fangt die Alimentenpflicht auf Seiten des Vatters nicht, wie einige meynen, erst nach drei Jahren von Zeit der Geburt, sondern gleich im selbigen Augenblick an. Dann obschon die Kinder in den ersten Jahren gemeiniglich nur von der Mutter-Milch leben, so wird der Vatter seiner natürlichen Pflicht im übrigen dadurch nicht entbunden und halt man auch die Meynung für probabler, daß der Mutter fry stehe, das Kind selbst, durch andere oder gar nicht säugen zu lassen.

Stirbt jemand mit Hinterlassung einer schwangeren Ehefrauen, so wird diese statt der Leibs-Frucht einsweilen in die Verlassenschaft eingewiesen, damit solche dem Kind, wann es zur Welt und

würklicher Erbfolge kommt, verbleibe und nichts hieran verruckt werde.

Wann nebst dem in Mutter Leib ligenden Kind noch mehr Erben in gleichen Grad vorhanden seynd, so solte zwar obige Einweisung nur für jenen Teil geschehen, welcher der Leibs-Frucht allenfalls zugehen mag. Da man aber nicht gewis voraus wissen kan, ob die Mutter nur ein oder mehr Kinder im Leib hat, so fragt sich, auf wie viel Portiones für sie anzutragen seye? Julianus tragt auf 5 Portiones an, weil wohl möglich ist, daß die Frau mit sovielen Kindern schwanger gehe. Der Text bei Julianus beziehet sich zwar auf die Authorität des Aristoteles, wer aber dieses aus den Aristotelischen Büchern aufweisen kan, bekommt ein Trinkgeld.

An verschiedenen Nachrichten mangelt es zwar nicht, vermög welcher 4, 5 und mehr Kinder auf einmal gebohren worden und die Academie Royal des sciences führt in der Sammlung von Anno 1709 gar einen Fall von 9 Kindern an. Wie aber dies äußerst seltene Fälle seynd, so gehet auch Paulus darüber hinaus und tragt höher niemal als auf 3 Portiones an, dann daß eine Frau 3 Kinder zur Welt bringt, geschiehet öfter, und seynd mir selbst zwey Frauen von Person bekannt, deren jede mit drey Söhnen, und zwar eine NB. am heiligen 3 König Abend entbunden worden ist.

Adoption ahmt die Natur nach, sagten die Römer. Da es nun gegen die Natur lauft, daß ein zur Zeugung untüchtiger Mensch, zum Exempel ein Kastrat, Kinder bekomme, so kann er auch nicht adoptiren. Geistliche seynd nicht von Natur, sondern nur von Gesetzes wegen zur Zeugung untüchtig, folglich von der Adoption nicht ausgeschlossen. Nichts ist unnatürlicher als daß der Vatter an Jahren jünger seye, dann der Sohn, derowegen auch derjenige, der adoptirt werden soll, wenigstens 18 Jahr älter seyn muß, als der, der ihn adoptiren will, weil man mit diesen Jahren erst zu zeugen anfängt. Es hat demnach den Römern nicht anders als lächerlich scheinen müssen, daß Kayser *Tiberius* einen weit älteren Sohn annahm.

Bis zum 60isten Jahr ist man gemeiniglich noch zu zeugen im Stand, welches auch die Ursach ist, warum keiner unter dem 60isten Jahr ohne erhebliche Ursach zur Adoption gelassen wird.

Viel Docter, viel Narren

Im übrigen fallt der ungemein grosse Einfluß, welchen das Schulwesen in das ganze gemeine Wesen hat, von selbst leicht in die Augen, dann wie die Pflanzen seynd, so seynd auch mit der Zeit die Bäum, samt den daran hangenden gut- oder bösen Früchten, welche das Publicum davon zu erwarten hat. Auf eine gute Schulordnung kommt zwar vieles hierunter an, aber noch weit mehr auf die Leut, und Werkzeug, wodurch solche vollzochen, und ausgeführt werden muß.

Einer der gröbsten, jedoch noch am leichtesten zu remedierenden Fehlern ist unfehlbar dernjenige, daß man die Bauers-, Handwerks- und anderer schlechter Leuten Kinder, welche laut der Polizey-Ordnung die deutsche Schul nur bis in das 12te Jahr besuchen, und mehr nicht als schreiben und lesen lehrnen, sofort gleich zu anderen Diensten, und Arbeiten angestellt werden sollen, allenthalben noch weiter fort studieren last. Das grosse Unheil, welches für den ganzen Staat, sonderbar in Absicht auf die Agricultur und den Nahrungsstand hieraus erwachse, ist mit der Feder kaum zu beschreiben.

Academie heist in weitschichtig, und uneigentlichen Verstand bald soviel als ein privat, oder öffentliche Versammlung gelehrter Leuten, welche die Künsten, und Wissenschaften in ihren mangelhaften Stücken zu verbessern oder unbekannte Wahrheiten darin zu entdecken bemüht seynd.
... und rührt ursprünglich nur von einem gewisen Schulhochmuth her, um dadurch der Welt weiszumachen, ob wären die Academici ganz besondere und von allem ungesittet, oder pövelhaften Wesen gesäuberte Menschen, da man doch an jenen, welche noch ganz warm von der Universität herkommen, meisten theils das schnurgerade Widerspiel wahrnimmt.

Zwischen Licentiaten und Doctoribus soll zwar kein anderer Unterschied seyn, als daß jene nüchtern, und diese wegen des bey der Doctorpromotion üblichen Schmaus vollgesoffene Doctores seynd.

Daß das Doctorat vor diesem in grossem Ansehen gewesen, und dem Adel nicht nur gleich, sondern noch höher geschätzt worden, hat man weitläuffig dargethan. Kaiser Carl der 5te hat auch in dem bekannten Rangstritt zwischen den Doctoribus, und den Edelleuten für die erste den Ausspruch gethan. Seit dem 16ten Jahrhundert hat dieses grosse Ansehen je länger, je mehr abgenommen.

Die Ursach, warum die Doctorswürde soweit herunter gekommen ist, bestehet theils in der Scheelsucht des Geschlechtadels, und der allzu grossen Menge der Doctorum, welche alle Jahr auf Universitäten creiert werden, theils in dem Mangel der Mittlen, womit die wenigiste diesen Ehrenstand der Gebühr nach zu unterhalten vermögen, theils auch in dem Doctorstreich, welcher den gelehrtisten Leuten oft am meisten, und solchergestalten anklebt, daß sogar das Sprüchwort daraus erwachsen ist: Viel Docter, viel Narren.

So klein und verächtlich man aber den Doctorat immer dadurch macht, bleibt gleichwohl für selben allzeit noch sovil übrig, daß er sich von dem Burgerstand merklich distinguiert, dann die graduierte Personen seynd nicht nur mit der Sigelmässigkeit, sondern auch mit dem Personaladel sogut, als Fürstliche Räth, und andere vornehme Beamte begabt, führen daher ein adeliches Wappen mit offenem Helm und seynd dem Geschlechtadel sowohl hierinn und in mehr andere Weg gleich gehalten, wie wir schon überall zu bemerken die Ehre gehabt haben.

Von Pastetenköch, Peruquenmachern und den Zinsen des Prinzen Eugen

Das burgerliche Gewerb theilt sich in zwey haupt Branchen, nemlich die Handelschaft, und Handwerke. Diese bestehen zwar in unedel- doch solchen Künsten und Arbeiten, welche zur menschlichen Nahrung, Kleidung, Wohnung, und anderer Bequemlichkeit dienlich seynd.

Zur Nahrung dienen z.E. die Mezger, Becker, Breu, Köch, Brandweiner.

Zur Kleidung die Schuster, Schneider, Weber, Tuchmacher, Huterer, Weisgerber, Strumpfwürker, Lederer, Kürschner.

Zur Wohnung die Maurer, Schreiner, Schlosser, Zimmerleut, Drechsler, Glaser, Steinmetz, Kaminfeger.

Zur Lust, und Bequemlichkeit die Zuckerbacher, Lebzelter, Pastetenköch, Chartenmacher, Portenwürker, Tapezierer, und mehr andere . . .

Die Kunst wird zwar auch bey einem jeden Handwerksmann erfordert, Künstler in Specie aber werden nur genannt, welche keine gemeine, sondern frey und distinguiertere Künsten tractieren und sich nicht Meister, sondern Lehrherrn, Lehrprinzen oder Principalen zu nennen pflegen, auch in keiner Lade oder Handwerkszunft beysammen stehen, sondern jeder nur für sich lebt und die Lehrbrief unter eigener Fertigung ertheilt, z.E. die Maler, Kupferstecher, Münz- und Sigelschneider, Buchdrucker, Bildhauer, Jubeliers, Apotecker,

Thurner, Trompeter, Jäger, Gärtner, deutsch- und lateinische Schulmeister.

Von den Badern haben wir schon vernohmen, was gestalten sie weder Handwerker noch Künstler, sondern nur ein Mittel heissen, weil sie zugleich Chirurgiam profitieren, welche ein Theil der medizinischen Künsten und Wissenschaften ausmacht.

Jene, welche die Jugend in Leibs- und anderen Adelichen Übungen unterrichten, werden Exercitienmeister genannt, z.E. Fecht-, Tanz-, Sprach-, Ballmeister, Bereiter, Musicanten und Virtuosen.

Unter die Professiones, welche noch geringer als die Handwerk geschätzt seynd, zehlt man die Schleiffer, Pechler, Salitersieder, Besenbinder, Kohlbrenner, Mesner, Todtengräber, Häußlräumer oder Privetsäuberer, Schweinschneider und dergleichen.

Von Schinder, Henker, Blutschergen nichts zu melden, welche man nicht nur für schlecht, sondern gar für unredlich halt.

Endlich wird auch das Nähen, Spinnen, Spitzklecklen, Liqueur- und Pomademachen, Essig- oder Garn sieden und dergleichen für kein Handwerk, sondern nur für blosse Haußarbeit geachtet.

Das Müller-Handwerk wird überhaupt für ein verstohlnes Volk gehalten und ist dem Sprichwort nach kein Müller ehrlich und redlich, der nicht Haar auf der Zung und in der Hand hat.

Einem jeden Handelsmann ligt ob, daß er gut und gerecht Waar, so viel in seine Kramm- und Handelschaft einschlagt in gnugsam und dem Publico benöthigter Qualität beyschaffe. Insonderheit ist den Krämmern in Städten und Märkten aufgetragen, daß sie sich mit Tüchern, Seiden- und leinenen Gezeugen, auch Gewürze und anderer nothdürftiger Waar in guter Qualität verlegen sollen. Dagegen ist dem Landkrammer aller Verlag, und Debit an Tuch und wollenen Gezeugen, dann Silber- Gold- Seiden- und anderer hochgiltiger Waar bey Straf der Confiscation verbothen und soll sein ganzer Handel nur in Salz, Toback, dann anderer auf dem Land gangbarer Waar bestehen.

In oballgierten Texten wird zwar die Handelschaft für ein im Grund verlogen- und betrogenes, mithin Christen, und ehrlichen Leuten sehr unanständiges Metier angegeben, es verstehet sich aber solches nur von jener, welche mit übermässigen Gewinn, Wucher und Betrug getrieben wird, oder sich nur damit beschäftiget, daß das Geld zum Land hinaus, und fremde Waar dagegen herein kommt, dann es kann freylich wohl nichts schädlich- und grundverderblicher für das gemeine Wesen seyn, als eine solche Handelschaft, indem der reichiste Staat mit der Zeit nothwendiger Weis dadurch völlig erschöpft werden muß.
Ganz andere Beschaffenheit hat es mit der Handel- und Kaufmannschaft, welche die inländische Producta und Fabricata so wohl inn- als ausser Lands zu debitieren, die fremde benöthigte Waar mit selben nur zu verkehren oder was unnöthig ist, mit Profit widerum weiter zu bringen, und auf solche Weis das Geld im Land nicht zu vermindern, sondern zu vermehren trachtet.
Eine so wohl eingerichtetet und ihrem haupt Zweck nach abgemessene Handlung ist nicht nur kein schädlich und unehrlich, sondern vielmehr dem Staat sehr nutzlich und löbliches Metier, vor dessen bestmögliche Ausbreitung unsere heilsame Reichsgesätz selbst so viele Sorgfältigkeit bezeigen.

Von Eheleuten, welche gemeinsam Geschäfte betreiben, das ist zu offenem Kram und Marktsitzen, offene Gastung oder gemeines Gewerb und Handthierung treiben, macht sowol das Land-Recht als unser Codex Erwehnung, theils weil sich bey diesen Leuten über die Errungenschaft und in Ansehung ihrer gemeinschaftlichen Handthierung oder Gewerbschaft gemachter Schulden weit öfter als bey anderen die Frag ergibt. Das Land-Recht specificirt zwar nur die Bräu, Metzger, Lebzelter und gemeine Gastung haltende Köche; unser Codex aber setzt noch die Becker, Küchel- und Zuckerbacher nebst denen Methschenken hinzu, alles jedoch nur beispielsweis, dann es gibt noch mehr dergleichen, z. B. Liqueur- und Saifensieder, Sterk- Salben-Kraft und Peruquenmacher, Kränzlbinder und Federschmucker.

Von den Professionen, welche mit dem Adelstand nicht compatibl seyn sollen: Insonderheit ist die Handl- oder Kaufmanschaft in Welsch-, Holl- und Engelland dem Adel nicht Abbrüchig und es wäre wohl zu wünschen, daß man diesem löblichen Beyspiel auch in Deutschland folgen möchte, indem es nicht nur dem Commercio, sondern auch dem Adel selbst zu seinem Flor, und Aufnahm benöthigten Reichthum ungemeinen Vorschub verschaffen wurde.

So lang aber die Sach so bleibt, wie sie dermalen bey uns ist, rathen wir keinem von Adel zu dieser Profession an, sofern ihm nicht Geld und Gut mehr als der Adel am Herzen ligt.

Es wird behauptet, daß ein armer Edelmann noch besser thut, wann er bettelt, oder auf der Wurst reittet, als ein burgerliches Handwerk ergreift, dann es gehet hierinn fast so, wie mit der Heiligung von Sonn- und Feyrtägen, wo man den Müssiggang noch leichter als die knechtische Arbeit conniviert. Ackerbau, Landwirthschaft, freye Künsten und Wissenschaften seynd kein solches Metier, so dem Adelstand nachtheilig seyn kann.

Desgleichen thut das Bierbräuen dem Adel weder zum Haußtrunk, noch Verschleis einen Abbruch, wo solches weder in eigner Person, noch Maaßweis, sondern nur durch bestellte Bräumeister gebraut und unter den Reiffen verkauft wird.

Zinsen seynd nichts anderes als die Geld-Praestation [Leistung] welche der Debitor ab der schuldigen Haupt-Summa dem Gläubiger jährlich zu entrichten hat. Die allererste Frag ist dabey: ob dergleichen Praestation vom Recht erlaubt seye? Es scheinen zwar freilich derselben einige Texte aus der Schrift entgegen zu stehen, und das Kirchenrecht verwirft nicht nur die Zinsen, sondern bestraft sie auch auf das härteste.
Allein man muß die wucherliche von den übrigen billichen Zinsen wohl unterscheiden. Jene, welche nur Geitz und Unbarmherzigkeit zum Grund haben und entweder in Übermaß oder von gar dürftigen Leuten in Umständen, da wir das Geld leicht entbehren können, mit Hartnäckigkeit gefordert werden, seynd freylich keineswegs zu billichen, an diesen hingegen siehet man wohl das allergeringste nicht, was dem göttlichen oder natürlichen Recht zuwider seyn könte, dann so wenig jemand mit Billichkeit forderen mag, daß ich ihm mein Haus ohne Zins bewohnen lassen soll, so wenig ist auch jene Forderung gegründet daß ich einem anderen mein Geld hingeben soll, um sich Nutzen damit zu schaffen, ohne daß ich hievon etwas zu participiren hätte.

Wann das Capital schon so lang verzinset worden, daß die Zinsen demselben gleichkommen, oder solches gar übertreffen, so ist man nach Römischem Recht weitere Zinsen zu geben nicht schuldig. Es ist dieses eine blosse Erfindung des Zivilrechts, wovon sich im Naturrecht keine Spur finden laßt, dahero auch Philippus II. König in Spanien sich keinen großen Applausum bey der Welt zuwege gebracht hat, da er sich gegen die Genueser schlechterdings auf obige Gesetze bewarf.

Mit der Reichs-Gerichtlichen Praxis wird ohne Unterschied der Handlungen regulariter auch mehr nicht als 5 pro Cento gesprochen. Bey dem Kaiserlichen Reichs-Hof-Rath finden sich zwar Praejudicia, wo auf 6 pro Cento gesprochen worden, ja es ist mir eines bekannt, da man einen Kayserlichen Lieferanten gar 12 pro Cento zuerkannt hatte, welches aber, wie mir die ältere Herren Reichs-Hofräthe selbst erzehlet haben, ein außerordentlicher Fall gewesen, bey dessen Entscheidung öffentliche und politische Überlegungen weit mehr als private beygetragen haben. Dann der Prinz Eugenius attestirte eigenhändig, daß die Kayserliche Armee an Vivres den größten

Mangel gelitten, und sich in alleräussersten Nöthen befunden habe. Dabey ward authentisch dargethan, daß die zur Steuerung der Noth benöthigte Gelder auf den Handels-Plätzen andergestalt nicht als um 12 pro Cento aufzubringen geweßt.

An dem Obstagio, oder sogenannten Einlager und Eintritt, hat man eine Gattung des persönlichen Pfands, wo solches noch Herkommens ist. Man verstehet dasjenige Recht oder Geding darunter, Kraft dessen sich der Schuldner nach Ausgang des beliebten Termins an dem bestimmten Ort auf eigene Kösten persönlich stellen und ohne Erlaubnis des Gläubigers vor entrichteter Schuld nicht von dannen gehen soll. Vor diesem war zwar solches in Teutschland sehr üblich, und man hat viele Exempel, wo sich so gar Fürsten, König und Kayser dazu verpflichtet haben. Der gar zu grosse Mißbrauch aber, welcher mit Fressen, Sauffen und anderen verschwenderischen Depensen gemeiniglich zum totalen Ruin der Gläubiger hierunter getrieben worden, hat mit der Zeit Anlaß gegeben, daß man das Obstagium in der Reichs-Polizey-Ordnung anno 1577 völlig abgewürdiget hat.

Bier, das fünfte Element

Wir leben in einem Land, wo das Bier gleichsam das fünfte Element ausmacht.

Dem Publico liegt daran, daß gerecht und gutes Bier gemacht, folglich dem gemeinen Mann, welchem es zur Nahrung dienen soll, sein Pfennig vergolten werde. Man glaubt, daß eben durch schlecht und unkräftiges Bier die alte teutsche Stärke so merklich abgenommen habe.

Das Gersten-Bier auf die weisse Art oder obere Gier ist nur gewissen Ständen benantlich zu Nieder-Schönen-Feld, Fürstenstein, Seefeld, Titling, Hasl- und Pörnbach Pfleggerichts-Pfarr-Kirchen vergönnt. All übrigen aber wird solches so gar zur Haus-Nothdurft oder Medicin geschweigens zum Verkauf bey 300 fl. und das zweyte mahl 600 fl. Straf, das drittemahl aber bey völliger Verwirkung der Bräu-Gerechtigkeit verbotten.

In hiesigen Landen befindet sich dißfalls ein merklicher Unterschied zwischen dem Weis- und Braunen Bier. Das Weisse Weizen-Bier war vor diesem durchaus verbotten, und zwar nach Inhalt des General-Mandat von 22. Decembr. 1567 aus doppleter Ursach, theils weil zu viel Weizen dadurch verbraucht wird, theils weil es ein unnützes Getranck ist, das weder führt noch mehrt, noch Kraft und Macht gibt, sondern nur zum Trincken reizt.
Etlich wenige Ständ jenseits der Donau gegen den Böhmer-Wald waren davon ausgenommen, worunter sich auch die Familie von Degernberg befand. Diese starb im Jahr 1602. gönzlich ab, und kamen hierauf die Degernbergische Güter an das Durchläuchtigste Chur-Haus. Da nun die Lands-Herrschaft bey ermeldten Degernbergischen Gütern das ehemalige Sudwerck noch weiter fortsezen ließ und einen ziemlichen Profit dabey fand, wurden mit der Zeit noch mehr Lands-Fürstliche Weisse Bräu-Häuser und zwar das hiesige schon im Jahr 1605. erbauet.
Die Stände machten zwar Remonstration dagegen und schützten zum Theil die nehmliche Gründe vor, welche schon in vorallegirten Mandat von Anno 1567 enthalten waren, desgleichen schütelten auch die Ärzte in ihren erstatteten Gutachten den Kopf darüber. Man wagte es aber dem ohnge-

achtet und die Erfahrung hat auch das Widerspiel von allem deme, was hierwider obmotivirt worden ist, satsam belehret.

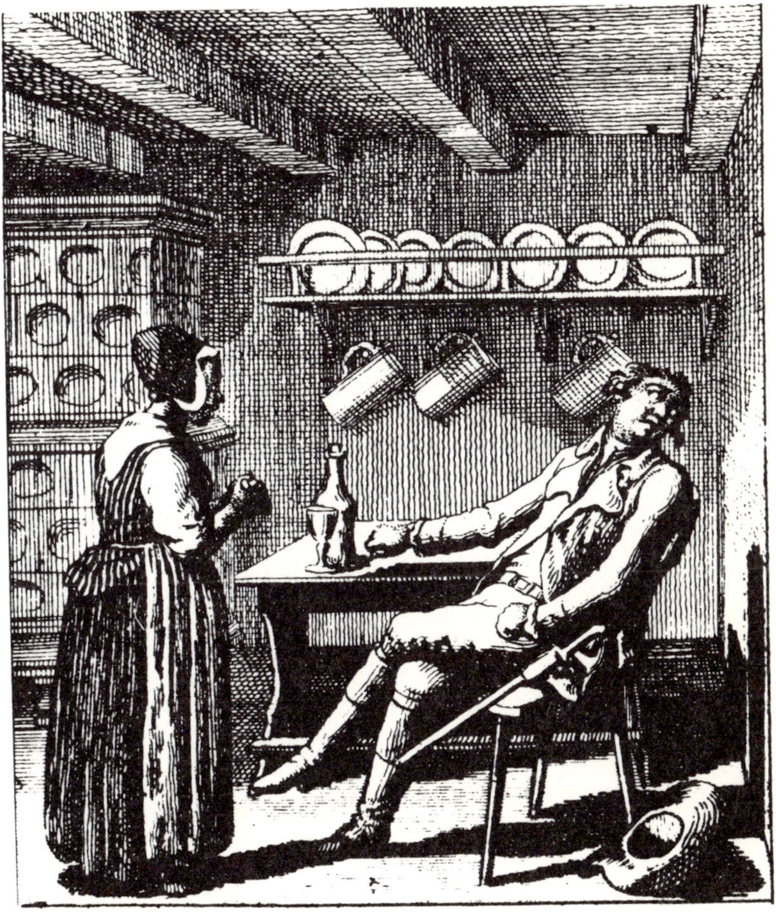

Das alte Sprichwort sagt: Bräuen bringt dem Burger guldene Nahrung.

Der Einbock, wie auch die sogenannte Geis ist zwar keinem bräuenden Stand verwehrt und wird auch in dem hiesigen Jesuitter-Bräu-Haus zum Haus-Trunck würklich gesotten, zum Verschleis aber verbietet er sich von selbst, weil solcher weit mehr Zeug erfordert, folglich um den ordinari Bier-Saz, welchen kein Stand eigenmächtiger Weis überschreitten darf, ohne großen Verlust nicht an den Mann zu bringen ist.

Mit allem, was zu convenabler Bewirthung gehört, soll der Wirth versehen seyn. In verschiedenen Landen, sonderbar in hiesigen hat man sich gegen die Wirth mehr des Überfluß als Mangels an vorräthigen Speisen und Getränk zu beklagen, dergestalt, daß man der Schwelgerey durch Gesatz und Ordnung Einhalt zu thun gemüssiget ist. Insonderheit ist sowohl hier als anderer Orten versehen, daß die Wirth ihren Gästen weder ohne Begehren, noch gegen ihren Willen etwas aufsetzen sollen. Ungebührlich- oder unnöthiges Zutrinken, welches auch in den Reichs-Abschieden verbothen ist, sollen sie ebenfalls nicht gestatten, vielweniger selbst dazu Anlaß geben, oder ohne Begehren mit den Gästen zechen, desgleichen nicht einschenken, ehe man es begehrt, und das Trink-Geschirr nicht wegtragen, ehe es geleert ist.

Für vollkommen wird die Wirthschaft wenigstens nach hiesigen Lands-Gebrauch geachtet, wann der Wirth nicht nur offentliches Schenk-, Herbergs- und Gast-Recht hat, sondern auch Hochzeit, Stuhlfest, Häftl-Wein, Leyhkauf, Kindmahl und dergleichen solenne Gastereyen halten darf und dieses ist eigentlich dasjenige, was man hier zu Land eine ehehafte Tafern-Gerechtigkeit, Tabernam publicam, zu nennen pflegt, ohne Unterschied zwischen den burgerlichen Städt- und Märkt- dann den Land- und sogenannten Geu-Tafern. Eine unvollkommene Wirthschaft ist das bloße Schenk- oder Zapfen-Recht, Kraft dessen man eine gewisse Gattung von Getränk, z. E. Wein, Bier, Brandwein, Meth, Thée, Coffé, Chocolade, Limonade und dergleichen zwar offentlich ausschenken, hingegen aber weder jemand um Geld beherbergen noch gastiren, vielweniger obbenannte solenne Gastmahl halten darf.

Große Jagdherren, verruffene Wildschützen und barfüßige venezianische Fischer

Grosse Herrn pflegten vor diesem auf die Jagd fast eben mit so grossen Gefolg als zu Kriegs-Zeiten in das Feld zu ziehen und weil sie ihr eignes Nacht-Lager nicht allemahl gelegentlich erreichen kunten, so quartirten sie sich bey ihren Ständen und Unterthanen ein, liessen sich anbey mit Futter, Mahl und Hufschlag von ihnen freyhalten, machten endlich gar ein Recht und Landsherrliches Regale daraus.

In einem Decret heißt es: daß wann Serenissimus etwan in einer Hofmarch oder in der nächsten Gelegenheit einen Lust-Bogen nach dem Hoch-Jagen sowol roth- als schwarzen Wildprets hätten oder haben könnten, sich der Hofmarchs-Inhaber, oder dessen Jäger des kleinen Waidwerks so lange, bis Serenissimus dero Lust vollbracht haben, enthalten und denen zur Churfürstlichen Lust bestimmten Tieren Ruhe lassen soll.

Die Jagd-Frohn ist fast aller Orten in Teutschland üblich und bestehet meistentheils darin, daß sich die Unterthanen nicht nur zum Trieb brauchen lassen, sondern auch Hund- und Jagdzeug führen, Wälder umstellen und andere dergleichen Dienst verrichten müssen.

Schnitter und Mader bilden sich oft ein, es gehöre ihnen alles, was unter die Sichel kommt, sonderbar die junge Hasen und Feld-Hüner zu, welches aber ebenso, wie der Dachsfang unterm Baurenvolk gegen die Gejaids-Ordnung laufet, wie nicht weniger die von Bauren-Kindern und anderen unternehmende Vögel-, Aendten-, Wildtauben- und anderen Feder-Wilds Eyer-Ausnehmung, Zerstörung der Nestern, Besteig- und Durchsuchung der Bäumen, massen dieses lauter verbottene- und strafmässige Dinge seynd, worauf die Beamte laut mehrerwehnter Ordnung gute Obacht geben sollen.

Aus dem kurbayerischen Strafgesetzbuch:

X § 1

Verruffene Wild-Schützen, welche nicht nur dem Wild, sondern auch denen Jägern, Forstern, Uberreutern, und anderen auf Leib und Leben nachgehen, oder denselben dessen bedrohlich seynd, werden ohne Unterschied, ob sie deswegen schon einmal inhaftirt oder bestraffet gewesen, auf offener Straß, wo sie am meisten grassiret und das Wild geschossen haben, aufgehenckt.

X § 2

Jene, welche das Wild-Schiessens zwar nicht verrufen, oder habituiret, jedoch denen Jägern oder Forst-Bedienten auf Leib und Leben bedrohlich seynd, sollen mit dem Schwert am Leben bestraffet werden.

X § 10

Vermummte mit gefärbten Gesicht, verwechselten Kleydern, gemachten Bart, oder fremden Haaren, Peruquen, Hüthen, Kappen und dergleichen, sollen sich auf Anruffen der Jäger stellen und zu erkennen geben, ausser dessen, diese unbedencklich auf sie los brennen; jedoch zuförderist auf die Lähmung der Füssen antragen sollen. Im Fall sie sich aber nicht nur nicht stellen, sondern vielmehr zur Gegenwehr setzen, oder gar auf die Jäger ziehlen wurden, mögen ihnen diese wohl zuvorkommen, und auf Leib und Leben schiessen, seynd auch dergleichen Bösewicht denen § 1 benannten Wild-Schützen der Straff halber gleich zu achten.

Damit das Publicum mit Fischen nicht nur in hinlänglicher Anzahl, sondern auch in billichen Preiß versehen seye, pflegt man erstens die Fisch-Märkt anzuordnen, folglich das Hausieren nebst dem Vorkauf und der Kauderey ebenso so abzuschaffen, wobey man nicht nur auf das Maas, sondern auch, daß keine faule Fisch zu Markt gebracht werden, durch die Amtleute Obacht geben laßt. Zweytens wird von Zeit zu Zeit die Tax regulirt, nach welcher die Fisch auf dem Markt verkauft werden müssen und es werden auch anderen Orten noch mehr dergleichen gute Anstalten gemacht, um das Fischwerk in leidlichen Preiß zu halten, z.E. in Venedig, da die Fischer im Winter anderer Gestalt nicht als baarfüßig und mit blossen Haupt verkauffen darfen, damit die Waar desto geschwinder fortgehe.

Überhaupt seynd redlich, ehrbar, getreu- und verständige Leut zu Forst-Bedienten zu ernennen. Die Summa ihrer Pflicht und Schuldigkeit bestehet auch darin, daß sie auf das Gehölz fleißig Obacht haben, über das ordinari Holz ohne Special-Befehl der Herrschaft nichts abgeben, die Holz-Frevler bey der Obrigkeit anzeigen, oder die auf frischer That betrettene pfänden, und sich sofort in all anderen Stücken der Forst-Ordnung durchaus gemäß bezeigen. Ständ, Beamte und Obrigkeiten sollen ihnen nicht zuviel hierunter trauen, sondern selbst öfter nachsehen, und die erfundene Mängel alsofort mit Ernst abstellen. Dann die Excess und vielerley Practiquen, welche durch diese Leut gespielet werden, seynd auf keiner Kuh-Haut zu beschreiben. Insonderheit ist unerträglich, daß sie sich von den Gemein-Waldungen gleichsam als Herrn geriren und jene, welche ihnen besser in die Büchse blasen, mit der Holz-Abgab nach eigenen Gefallen gratificiren zu darfen sich befugt erachten. Jäger und Jagd-Bediente seynd von Forstern und Holzhayen distinguirte Personen. Dann diese letztere haben mit der Jagd nichts zu thun und wann sie nicht zugleich als Jäger bestellt seynd, darfen selbe nach hiesiger Lands-Observanz kein Schuß-Gewehr, sondern nur das Wald-Häckel bey sich führen. Jene geben zwar auch auf die Wald-Mängel Obacht, jedoch nicht Primario, sondern Secundario und so weit sie der Jagd und Wildfuhr merklichen Abbruch thun, auch mit behöriger Moderation, damit der Wald-Herr in seinem Eigenthum nicht, wie es öfter geschiehet, unter dem Praetext der Wildfuhr allzusehr durch sie einschränkt und bekränkt werde.

Der Casus ergab sich in Griechenland, allwo bey Gelegenheit eines verkauften Fischfangs zugleich ein goldener Tisch mit herauskam. Das Orakel des Apoll von Delphi, welches befragt wurde, sprach den Fang weder dem Käufer noch dem Verkäufer, sondern dem Gescheidesten von Griechenland zu. Es war aber nur eine interessirte Antwort, dann die Götzen-Pfaffen, welche das Organ des Orakels waren, verstunden unter dem Gescheidesten niemand andern als ihren Apoll und suchten auf diese Weis den goldenen Tisch selbst zu erfischen.

Zu was für einer Zeit das Holz geschlagen werden solle, ist unter den Forst-Verständigen selbst noch nicht ausgemacht, sondern vielen Zweifel unterworfen. So weit ist man einig, daß solches nicht zu der Zeit geschehen soll, wann der Baum schon in den Saft gehet, oder noch nicht recht ausgetrocknet ist, dann die Erfahrung giebt, daß dergleichen Holz weder zum Bauen noch Brennen recht taugt. Vor dem Schneid-, Zimmer- oder Bau-Holz heißt es in unserer Forst-Ordnung, daß man solches erst nach dem 24. Octobris, wann die Sonn in das Zeichen des Scorpion gehet und sofort bis zu Ende Februar im abnehmenden Mond oder im Februar 3 oder 4 Täg nach dem Neu-Mond schlagen darf, außer dieser Zeit soll das Bau-Holz der Experienz nach dem Wurm und der Fäulung unterworfen seyn.

Nebst obigen heilsamen Anordnungen dienen auch folgende zur Conservation des Gehölz: . . . dem unordentlichen Spißruthen- Besenstiel- Hopfen-Stangen, Rechen und Reif schneiden, wie auch dem zwar uralt- jedoch für nichts als zur blossen Burger-Lust dienenden Gebrauch des May-Baumschlags Einhalt thun.

So viel aber das Bad-Stuben halten betrift, seynd sowohl private als öffentliche Bäder durch die Gesetze sehr eingeschränkt, dann da ist in der Forstordnung sowohl dem Bauers- als gemeinen Burger- und Handwerks-Mann verbothen, ein Privat- oder besonderes Bad bey seinem Haus zu halten, theils weil viel Holz dadurch unnöthiger Weis verbrennt wird, theils weil den gemeinen Ehehhafts-Bädern dadurch merklicher Abbruch geschiehet. Die Einöden, wo man das gemeine Bad nicht so leicht besuchen kan, seynd an allegirten Ort von dieser Verordnung allgemein ausgenommen. Gemein- und öffentliche Bad-Stuben darfen ohne landesherrliche Bewilligung keine neue errichtet werden, vielmehr soll man die alte, so viel möglich abkommen lassen und in keinem Dorf mehr als eine gestatten. Manns- und Weibs-Personen wurden schon zu Römers Zeiten in den Bädern nicht beysammen gelitten, vielweniger laßt man dieses bey uns passiren, sondern da muß das weibliche Geschlecht in besondern Stuben, oder zu anderer Zeit als das Manns-Volk baden.

Eigentumsrecht bis an Himmel und Höll

Jeder kan regulariter in dem Seinigen thun und machen was er will, folglich auch bis in die Höll hinunter graben oder bis an den Himmel hinauf bauen.

Obschon jeder mit dem Seinigen frey schalten und walten kan, so leidet man doch in wohlbestellten Republiquen keine liederliche Verschwendung. Und was nutzen dem Staat solche Unterthanen, welchen das Hembd zur Hosen heraushangt?

Das Recht einen fremden Grund unterbauen oder untergraben zu dürfen rührt daher, daß sich das Eigenthum eines jeden Grunds vorgedachtermassen nicht nur auf die Oberfläche desselben samt der darüber schwebenden Luft bis an den Himmel, sondern auch auf die darunter liegende Erd bis an die Hölle erstreckt, woraus sich von selbst ergiebt, daß man fremden Grund nicht untergraben darf, ohne ein Servitut [Dienstbarkeit] hierauf hergebracht zu haben.

Wenn Kaiser Justinianus die Luft unter die Sachen im Gemeingebrauch setzt, so kan man solcher nur von derjenigen verstehen, welche auf etliche Meil Weeg oder soweit von der Erden entfernet ist, das kein Menschenwerk mehr hinreichen mag. In diesem Verstand aber ist es oberinnertermassen keine juristische Sache mehr, weil sich hierum so wenig jemand als um das blaue vom Himmel auf einen Process einlassen wird. Die übrige Luft hingegen, welche sich unserer Erden mehr nähert, ist wenigst heut zu Tag keine Sach im Gemeingebrauch, und stehet sowol unterm Eigentum als unter der Herrschaft. Unter dem ersten soweit, als solche von unsern Häusern, Gebäuden und sonst eingeschlossen ist oder wenigst grad über unseren Grund und Boden schwebt, unter dem andern aber soweit, als sich jeden Staats oder Regentens Land und Territorium erstreckt. Kraft Eigentums kan z.E. jeder seinen Grund oder die darauf stehende Gebäude (außer bei anderem Vertrag oder sonstigem einzelnen Rechtstitel) so hoch in die Luft erheben, als er nur will, wohingegen ihm weder der Nachbar noch ein anderer ohne dessen Bewilligung über die Oberfläche seines Grundes etwas herein oder darauf bauen, setzen oder hengen darf, welches doch nicht verhindert werden könnte, wann die Luft über dem Grund nicht sein eigen, sondern gemein wäre. Und stehet die Luft, wie all übrige, in Territorio befindliche Sachen, unter der Lands-Hoheit und Oberherrlichkeit. Darauf beruhen auch zum Theil die Landesfürstliche Statuta und Anordnungen, welche sowol in Bau- als anderen Sachen zu Beybehaltung reiner Luft, wie auch in Betref der Raiger-Beitz und des Vogelfangs, item der Windmühlen, Kunst- und Luft-Feuerwerker, dann der Luftspringeren und Sail-Tänzern halber gemacht zu werden pflegen.

Nun kommen wir auf die Pflichten des Eigenthümers, welche er in Ansehen des Eigenthums sowol gegen GOtt als sich selbst und andere, oder diese gegen ihm zu beobachten haben. Die gegen GOtt bestehen lediglich darinn, daß er sich des Eigenthums niemal zur Versuchung GOttes gebrauche. Sich selbst ist der Mensch verpflichtet, daß er auf zuläßig und vernünftige Art etwas zu erwerben, das erworbene nicht zu misbrauchen und liederlich zu verschwenden, sondern zu erhalten suche, sohin sich der Sparsamkeit befleisse und auf künftige Fälle der Wahrscheinlichkeit nach verwahre, jedoch mit Mäßigkeit und so, daß Geitz und Kargheit hierunter vermieden, und nicht mehr als die Nothdurft Bequemlichkeit nebst dem äuserrlichen Wohlstand für sich und die seinige erfordert, zu erlangen getrachtet. Die Pflicht gegen andere bringt mit sich, daß man sich des Seinigen nicht anderen zum Trutz und Possen oder aus Neid boshafterweis gebrauche, dann dieses wird sowol von dem natürlichen als Burgerlichen Gesatz verabscheuet.

Außer obgedachten Nothfalls gehet also die Betrettung fremden Grund und Bodens wider Willen des Eigenthümers ohne Dienstbarkeit nicht an und diese ist hierinfalls dreyerley, nemlich Gangsteig, Durchtrieb oder Durchfahrt. In Kraft des ersten können wir nicht nur zu Fuß gehen, sondern auch darauf reiten, oder uns einer Porte-Chaise oder Senften, nicht aber einer Chaise roulante oder anderen Fuhrwerks bedienen, ohngeacht dieses etwan nur mit einem Pferd bespannet ist. Die geringere Dienstbarkeit des Durchtriebs gehet nur auf den Durchtrieb, die volle aber auch auf die Durchfahrt, sowohl mit beladen als unbeladenen Wägen zu zwey oder vier Räder. Die Wegedienstbarkeit gehet noch weiter und erstreckt sich nicht nur auf das Recht zu gehen, zu reiten, zu fahren oder sich tragen zu lassen, sondern auch auf das Holz und Stein schleppen, wodurch der Weg allzeit mehr als durch obiges mitgenommen wird. Eine Stang aufrecht tragen zu darfen hangt ebenfalls von dieser Dienstbarkeit ab, welches auch mit Hopfen-Stangen und mit Fahnen in Processionen, womit sich die Bauren in Creutzgängen zu distinguiren pflegen, dato noch für applicabl halt.

Desgleichen erkennt man die Mark-Stein von anderen Steinen daraus, wann sie mit denen sogenannten Eyern oder Zeugen, das ist, mit Kohlen, Eyrschalen, zerbrochenen Gläsern, Kisel-Steinen und dergleichen unverweßlichen Materialien im Grund versehen seynd. Allemal pflegt man bey Regulir- oder Erneuerung der Gränz nicht nur die interessierten Parteien, und geschworne Feldmesser nebst denen Steinsetzern oder benöthigten Handwerks-Leuten, sondern auch Zeugen aus denen benachbarten Orten, und hierunter einige Knaben zur Fortdauer der Erinnerung an diesen Vorgang mit beyzuziehen, sofort diesen letztern durch Versetzung einiger Maulschellen, oder Ziehung der Ohren gern ein Denkzeichen zu hinterlassen.

Die erste von hernach specificirten städtischen Dienstbarkeiten ist das Balken- oder Tram-Recht, Kraft dessen man in des Nachbars Wand-Mauer einen Tram oder Balken einzuschieben befugt ist, damit sie die Last von unserm Haus mittragen helfe. Unter dem Tram oder Balken verstehet man hier nicht nur Zimmer-Holz, sondern auch Eisen oder länglichte Stein und all anderes, was zu obigen Zwecken dient.

Das sogenannte Teichsel-Recht, Kraft dessen ich meine Teichsel in eine fremde Scheuren einschieben darf, kommt zwar nicht so oft vor wie das Tram-Recht und laßt sich auch gar mit selben nicht vermischen, ist aber gleichwohl nicht gar so seltsam und lächerlich, wie es ein Author ansiehet.

Alte Teutsche, alte Römer – und die Unterschiede

Das Römische Recht, welches zwar ursprünglich nur denen Römern gegeben, hernach aber auch in anderen und sonderbar in Teutsch- und hiesigen Landen eingeführt worden, soll in Sachen, welche etwan durch einheimisches Recht nicht gnug bestimmt seynd, auch schicklich- und thunliche Weis zur Hülf gebraucht werden.

Kein Römischer Leibeigener hatte ein Caput, das ist einen Stand in der burgerlichen Gesellschaft, daß er folglich nicht sovil unter die Personen als das Vieh gezehlet wurde und daß man ihn endlich mehr für todt als lebendig, ja sogar für null und nichtig hielt. Kurz zu melden, er war seinem Herrn mit Leib und Gut so unterworffen, daß dieser schier mit ihm machen kunte, was er nur wolte.

Eine so harte Sclaverey wie die Römische findet sich in der Christenheit für jetzo nirgend mehr, sondern ist allenthalben abgekommen. Nur an gefangenen Türken und Unglaubigen wird sie bey uns noch ausgeübt. Die gefangenen Christen hingegen werden zwar bey Türken und Unglaubigen, nicht aber unsererseits, als Sclaven angesehen.

Aus dem Recht der Natur laßt sich nicht erweisen, daß die Herrschaftliche Gewalt über Leibeigene sich gar auf das Recht über Leben und Tod erstrecke, wohl hingegen war dieses nicht nur anfänglich dem Römischen Recht, sondern auch dem alt-deutsch- und fast allgemeinen Völker-Gebrauch gemäß. Wie sehr die Römer diese Gewalt mißbraucht, und ihre Leibeigene oft der geringsten Ursach willen tyrannisirt, um das Leben gebracht, den wilden Tieren zum Spaß vorgeworfen, und zuweilen gar die Forellen damit gefüttert haben, ist eine bekannte Sach.

Meistentheils bestehet unsere Leibeigenschaft in gewissen Diensten und Gaben, welche der Leibeigene seiner Herrschaft schuldig ist, dann in anderen Obliegenheiten. In all übrigen nicht sonders benannten Stücken wird der Leibeigene für frey geachtet. Unter den Wildfängen aber verstehet man nicht alle, sondern nur jene Leibeigene, welche ihrer unehelichen Geburt oder Herrenlosigkeit halber an den Orten, wo das Jus Wildfangiatus hergebracht ist, in die Leibeigenschaft gezogen wurden.

Man gibt die Leibeigenschaft für eine Sach an, welche der Natur widerstreben soll, und es ist auch schier so, wann man selbe nach dem barbarisch- und unmenschlichen Fuß ansiehet, auf welchen sie von den unbarmherzigen Römern gesetzt war. Zum Völker-Recht wird sie zwar ebenfalls gerechnet, jedoch ohne allen Grund, und es ist in der That nichts anderes als ein Blendwerk, womit die Römer ihre Grausamkeit gegen Leibeigene Leut bey der Ehr-liebenden Welt einen scheinbaren Anstrich zu geben gesucht haben.

Es ist auch aus der Bayrischen Geschicht bekannt, wasgestalten die Unterthanen im Pfleg-Gericht Aichach und Schrobenhausen die Leibeigenschaft aus keiner anderen Ursach als wegen eines gegen die Lands-Herrschaft erregten Aufstands heute noch zu tragen haben und wollen einige dafür halten, daß für starke Bettler, Müßiggänger und dergleichen liederliche Leut diese Straf noch weit anständiger als der Stauppenschlag sey. Gleichwie aber die Leibeigenschaft zur Strafe bey den Römern schon aufgehoben gewesen, also auch ist solche weder hier zu Land, noch meines Wissens anderer Orten mehr in Übung.

Von Natur werden die Menschen auf unterschiedliche Weis, zuforderst aber in männ- und weibliches Geschlecht getheilt. Die Frag, ob die Weibspersonen Menschen seynd oder nicht, gehört unter den Stoff, welcher nur bey dem lustigen Juristen P. debattiert wird.
Überhaupt hat kein Geschlecht vor dem anderen einen Vorzug. Die Vorzüg, welche dem weiblichen Geschlecht in dem römischen Recht beygelegt seynd, werden der Oberhand zugeschrieben, welche die Kaiserin Theodora über ihren Gemahl gehabt haben soll.
Von den alten Deutschen lieset man zwar ebenfalls, wie hoch sie dieses Geschlecht in Ehren gehalten und gleichsam vergöttert haben. Aus den deutschen Gesätzen aber bemerkt man eben so viele Politesse gegen dieses verehrungswürdige Geschlecht nicht, sonderbar soviel die Bayerische Gesätz belangt.

Das Ehe-Recht war bey den Römern eine Würkung des Burger-Rechts, und kam sohin Leibeigenen keineswegs zu, sondern was man unter freyen Leuten eine Ehe nennt, das war bey jenen nicht viel besser als der viehische Beyschlaf, derwowegen auch Leibeigene so wenig als das Vieh einen Ehebruch oder Blutschand begehen kunten.

Von den Haus-Diensten, welche die Frau ihrem Mann zu leisten schuldig ist, abstrahirt zwar das Römische Recht, weil denen Römischen Frauen fast alle Arbeit aus Eifersucht verboten, und das Kochen, Waschen, Aufbetten, Einkauffen etc. lauter männliche Verrichtungen waren. In Deutschland hingegen ist alles umgekehrt und können sich die Frauen der Haus-Diensten umso minder entziehen, als sie das natürliche Recht selbst nach obverstandenem Zweck der Ehe, nemlich gegenseitigem Beystand, dahin verpflichtet.

Nach dem alten Recht waren die Kinder fast so übel dran als die Knecht und hatten nichts eigenes, sondern alles, was sie erlangten, gehörte dem Vatter zu, welcher sie auch auf den Nothfall verkauffen, verpfänden, hinlegen, in die Leibeigenschaft stoßen oder Verbrechens halber gar tödten durfte. Eine soweit ausgedehnte vätterliche Gewalt aber gehet zum Theil gegen das Recht der Natur und ist auch aus bloßem Irrthum eingeführt worden. Es waren nemlich die Römer in ihren dißfallig-juridischen Prinzipien nicht recht fest, sondern setzten die vätterliche schlechterdings mit der hausvätterlichen Gewalt gleich, wie man sich jeden Haus-Vatter wie einen kleinen König in seinem Haus vorstellt. Obgedachte Kinder-Sclaverey hat den Römern selbst nach der Hand so hart geschienen, daß sie solches wiederum aufgehoben haben.

Die Raison davon leuchtet jedermann in die Augen, wann man nur den großen Unterschied zwischen den Römisch- und deutschen Weibern betrachtet. Jene dienten nur zum Staat oder Wollust und überließen ihren Ehemännern die völlige Last des Haußwesens, diese hingegen tragen solche auf gleichen Schultern mit.

Pubertät ist entweder volle oder noch nicht volle. Jene erstreckt sich bey Buben auf 18, bey Mägden auf 14, diese aber bey Buben auf 14, bey Mägden auf 12 Jahr. Vor den Zeiten Kayser Justinians ließ man sowol männ- als weibliches Geschlecht allzeit vorhero durch Chirurgos und Hebammen visitiren, welches auch die Deutsche ehemals im Brauch hatten. Kayser Justinianus aber schafte die Leibs-Visitation ab und fixirte dagegen obigen Termin durch die Bank, weil man um solche Zeit gemeiniglich reif zu werden pflegt. Man moquirt sich zwar über die Römer, daß sie von der Fähigkeit zu generiren auch die Reife des Urtheils geschlossen, sohin den Verstand mehr in den Geburts-Gliedern als in dem Kopf gesucht haben, und man halt auch dafür, daß es weit vernünftiger gewesen wäre, wann sie bey obverstandener Visitation statt der Hebam und Arzney-Verständiger den Lehrmeister zu Rath gezogen hätten. Wir wollen aber glauben, daß das hitzige Italienische Clima, worinn junge Leut viel fruhzeitiger als in anderen Ländern gescheid werden, zu sothaner Verordnung mehr als die im Text ausgedrückte Ursach beygetragen habe.

Adoptio oder Wahl-Kindschaft ist jene Handlung, da man jemand an Kindsstatt annimmt, der es von Natur nicht ist. Sie ist fast allen gesitteten Völckern gemein und zwar den Deutschen wenigstens in mittleren Zeiten ebenfalls schon bekannt. Es liegen soviele Beispiele vor Augen, daß man den Gebrauch der Sach sowohl bey hoh- als niederen Stands-Personen nicht abläugnen kann, doch muß man dabey gestehen, daß solcher lang nicht mehr so starck seye wie bei den Römern. Die Deutsche seynd allezeit saftige Kerl gewesen und hatten nicht nöthig, erst mittels der Adoption Kinder anzuschaffen. Die Römer hingegen waren ausgeselchte Brüder, welche die Ehe, wie Spinnen, flohen, sohin ihren Namen und Stammen mehr durch die gekünstelt- als natürliche Kindermacherey erhalten müssen, dahero sie auch so viele Gesetze von dieser Materie verfertiget haben.

Von den alten Teutschen bezeugt bereits Tacitus, was für große Waaghäls dieselbe gewesen, indeme sie nicht nur Haab und Gut, Haus und Hof, sondern sogar die Freyheit, ja Leib und Leben auf das Spiel zu setzen gewohnt waren. Diese greuliche Spielsucht ist zwar mit der Zeit gemäßiget, aber niemals so weit bey uns wie bey den Römern. Das Römische Recht verbiethet alles Hazard-Spiel und gestattet niemand eine Klag um die Bezahlung des gewonnen- wohl aber jedermänniglich um die Zurückforderung des bereits bezahlten Spielgelds.

Wann jemand, der ein Testament gemacht hat, nur von dem alt oder jungen Wein gesprochen hat, so soll man vor allem wissen, was er darunter verstanden oder in seinen Lebzeiten für alt oder jung hierin geachtet habe, und da sich dieses nicht äussern will, so wird der Wein, welcher nur jährig ist, nach Römischen Recht für jung, der übrige aber für alt gehalten. Bey Welschen Wein, wovon das Römische Recht redet, mag dieses wohl gelten, Rheinisch- und derer deutscher Wein aber heist bey uns erst alsdann alt, wann er wenigst schon zehn Jahr lang im Keller gelegen ist.

Ob es wohl unter uns Teutschen an schlimmen Leuten so wenig als bey den Römern manglet, so seynd doch die Fälle, da man der Erbschaft halber jemand nach dem Leben strebt, zu aller Zeit sehr rar bei uns gewesen.

All übrige Leibs-Gebrechen oder Krankheiten, z. E. Podagra, Hitzig-Fieber, Fraiß, schwere Noth, Lähmung und dergleichen Zustand, so gefährlich und übel-qualificirt sie auch immer seyn mögen, benehmen sogar in äußerster Todesgefahr, da die Seel schon auf der Zung sitzt, und der Mund zu lallen, oder der Leib von unten auf zu erkalten anfangt, die Fähigkeit, ein Testament zu machen, keineswegs, sofern man sich nur noch gegenwärtig und deutlich genug zu erklären im Stand ist. Viel weniger stehet das hohe Alter von 100 Jahren bey Leuten, welche noch im Besitz ihrer Geisteskräfte sind, im Weeg. Ein anderes ware bey den alten Deutschen, welche nicht nur Unversehrtheit des Geistes, sondern auch des Körpers erforderten, sohin niemand zum Testamentmachen zuließen, der nicht so viel Kräften hatte, daß er selbst ohne Beyhülf auf das Pferd steigen oder 7 Schritt weit frei marchiren kunte.

Nichts war bey den alten Teutschen so verächtlich als ein Mensch ohne Parole. Ein Wort ein Wort, ein Mann ein Mann, sagten sie, und ein Schelm, der sein Wort nicht halt. Die erst in den neueren Zeiten dagegen aufgekommene saubere Sprichwörter: keiner ist ein Sclav von seinem Wort, Versprechen ist edelmännisch, Halten ist bäurisch, dienen uns zu keiner Lehr und Nachfolg, sondern vielmehr zur Schand daß wir in unsern verderbten Sitten von der alten teutschen Redlichkeit bereits so weit abgeartet haben.

Je weiter man in die vorige Zeiten zuruckgehet, je kürzer und simpler wird man die Verzichts-Formuln für den Erbverzicht befinden, seit dem aber die formularische Jursiprudenz der Römer und Canonisten bey uns in Teutschland Mode geworden ist, hat man die Verzichten mit vielen Clausuln und Anhängen gegen alle chicanen zu verwahren gesucht. Eine ganze Kram legt ein Author in einem Buche davon aus, halt es aber selbst meistentheils für unnützliches Gezeug, sohin auch für eine rechte Schand, daß unsere alte teutsche Redlichkeit von den Mäusen so sehr zerfressen worden, daß man so viel Löcher dabey zu stopfen findet.

Hagenstolzenrecht, Morgengab und Mahlschatz, Mantelkinder und andere seltsame Rechtswörter

An dem Ehestand hat man eine Gattung von Verbindlichkeit, welche zwar dem ganzen menschlichen Geschlecht collective, nicht aber jedem einzelnen Menschen im besonderen obliegt. Ob der Ehestand vorzüglicher seye als der ledige, ist strittig. Item wird gezweiflet, ob das sogenannte Hagen-Stolzen-Recht, Kraft dessen die Güter lediger Leiten, welche sich unter 50 Jahren nicht ehelichen, dem Staate anheimfallen, jemal in Deutschland eingeführt gewesen, oder noch eingeführt werden könne.

Jene Güter, worauf sich die Frau den Nutznieß nebst der Verwaltung vorbehalt, werden Spiel-, Spindl oder Stecknadel-Gelder, Sparhafen, und an verschiedenen Orten auch Einshandgelder genannt, welch letztere Benennung daher zu rühren scheint, weil nicht beede Eheleut, sondern nur eins allein, nemlich die Frau, die Hand hierinn hat und obwol ein Author auf jene Ehefrauen, welche sich dergleichen Vorbehalt machen, übel zu sprechen ist, und solche für ein sicheres Kennzeichen von versoffen- verspielt- und hochmüthigen Weibs-Personen halt, so hat doch die Sache von Rechts wegen keinen Anstand und ist jede Frau sothanen Vorbehalts wohl berechtigt.

Gemeinsame Rechte und Pflichten, welche beeden Eheleuten zukommen, bestehen erstens in Erweisung beständiger Lieb und Treue, dann der Beywohnung und gegenseitigem Beystand. Alle diese Dinge gronden sich nicht nur auf menschlich, sondern auch auf göttlich- und natürliches Recht, dann es seynd lauter Mittel, um den Zweck zu erreichen, welchen Gott und die Natur durch den Ehestand anstreben. Wachset und vermehrtet euch ist die in der Schrift selbst veroffenbarte Haupt-Absicht von der Ehe, und dieses kann ohne Beyschlaf und Verbindung der Leiber nicht wohl geschehen. Mann und Weib werden mittels der Ehe gleichsam ein Leib und Fleisch, wie die Schrift sagt, und aus dieser Gemeinsamkeit der Leiber entspringt zweytens das beiderseitige Recht die Erfüllung der ehelichen Pflicht zu verlangen, welches mithin ohne erheblicher Ursach nicht einander versagt werden darf. Eine erhebliche Ursach solches verweigern zu können mag z. E. die Leibs- oder Gemüths-Schwachheit seyn, imgleichen da man solches in Übermaas, oder sonst nicht in rechter Zeit, Weis, Ort und Absicht begehrt. Gleichwie jedem anderen Theile vor dem Vollzug der Ehe diesen Stand zu verlassen und in das Closter zu gehen freystehet, so ist der andere Theil schuldig, mit Erforderung der ehelichen Pflicht wenigst zwey Monat von Zeit der Vermählung in

Gedult zu stehen und kann in diesem Zeitraum, welchen man Gleichnus-weis den Ehe-Novitiat nennen kan, wider Willen keins von beeden hierzu angehalten werden.

Was das Braut-Paar zum Zeichen und Beweis der Ehe-Verlobniß einander gibt, wird der Mahlschatz genannt. Vor diesem wurde solcher zwar nur der Braut allein gegeben, heut zu Tag aber bekommt ihn auch der Bräutigam, doch ist er weder ein- noch andererseits notwendig, sondern freiwillig und heißt es, daß durch Außerachtlassung desselben keine Sünd begangen werde. In was für Sachen der Mahlschatz statt habe, ist strittig, doch ist der Ring das gewöhnlichste, worinn man den Mahlschatz zu geben pflegt.

Solang nun die Erfüllung des Eheversprechens mittels der Priesterlichen Copulation nicht erfolgt, solang wird das Ehe-verlobte Paar der Pflichten und Rechte, welche würcklichen Eheleuten von Rechts wegen zukommen, nicht theilhaftig und die verlobte Weibs-Person wird bis dahin keine Frau, sondern nur eine Braut, oder nach der alten Mundart eine Drut genannt.

Morgen-Gab ist das Geschenck, welches die Braut ihrer Jungferschaft halber bekommt. Diese Beschreibung stehet zwar jenen nicht an, welche den Grund der Morgen-Gab nicht in der Jungferschaft suchen und solche vielmehr für einen schmutzigen Einfall eines unsauberen Geistes angibt. Wittib gebührt die Morgen-Gab nicht, weil sie verstandener-massen nur für Jungfern ist und was man ohnegeachtet einer Wittib des ersten Beyschlafs halber gibt heißt hier zu Land nur eine Vertrauung. An Authoren mangelt es zwar nicht, welche von diesem Unterschied nichts wissen wollen. Allein unser Codex verordnet es nun einmal so und benimmt denen Wittiben das Recht auf die Morgen-Gab, welches sich von Weibs-Personen, so in Unehren deflorirt worden, nur desto mehr verstehet. Bey Manns-Personen schätzt man die Jungferschaft wenigstens von Rechts wegen nicht so hoch wie bey Weibs-Leuten, derowegen auch kein Jungergesell bey Ehelichung einer Wittib die Morgen-Gab nicht von ihr verlangen kann.

Weibsleut können sich zwar wohl principaliter für sich selbst, nicht aber für andere obligiren, folglich auch nicht Bürgschaft leisten. Jetzt benannte Rechts-Wohlthat kommt allen Frauens-Personen überhaupt zu guten, sie seyen gleich ledig oder verehelicht, jung oder alt, hoch- oder niederen Stands, dann die Gesetze sehen hierunter nur auf das Geschlecht, nicht auf das Alter oder andere Eigenschaften. Nachdem weder die Reichsgerichtliche Praxis noch die Natur selbst einen Unterschied hierinn macht und das vornehmere Frauenzimmer von der dem weiblichen Geschlecht überhaupt angebohrner Schwachheit so wenig als das gemeine Frauenvolk ausnimmt, so flattirt ein Author gewiß nicht, wann er sagt: Eine Gans bleibt eine Gans, und ein Weib ein Weib sie mag so groß und vornehm seyn als man immer will.

In Deutschland wurden die Haus-Dienst durch die sogenannte Gasendos, und die Feld-Arbeit durch die Cosatos versehen. Von den ersten rührt das Wort Gesind, und von den letztern das in Sachsen und anderer Orten noch übliche Wort Kothsassen ursprünglich her.

Soviel die Legitimation betrifft, wodurch man unächte Kinder rechtmäßig zu machen pflegt, seynd heut zu Tag nur zwey in Gebrauch, nemlich durch nachfolgende Heirat und Erlaß des Fürsten. Zur Legitimation ist die Einwilligung dessen erfordert, der legitimiert werden soll. Da nun aber nicht leicht jemand soweit von Sinnen seyn wird, daß er lieber illegitim als legitim seyn und verbleiben wolle, wird die Einwilligung solang vermutet, bis die Nichteinwilligung erwiesen ist. Statt der Einwilligung diente vor diesem, daß man dergleichen Kinder bey der Vermählung unter dem Mantel mitnahm, dahero sie auch Mantel-Kinder genannt wurden.

Was die Vertragschließenden nur zum Zeichen und Beweis ihrer vollkommener Einverständnuß, mithin auch zur mehrern Bekräftigung des Vertrags an Geld oder Geldswerth daran geben oder bedingen, das heist auf Teutsch eine Darangab und zwar insonderheit bey dem Ehevertrag ein Mahlschatz bey Aufdingung der Dienstbothen ein Handding- oder Häftl-Geld, bey Käufen ein Leykauf oder sofern der Handl nach alt teutscher Gewohnheit beym Trunk abgemacht wird, ein Wein- oder Naß-Kauf.

Nachdem die Römische Leibeigene obgedachter maßen nichts Eigenthümliches gehabt haben, so tragt sich auf dem Rucken aus, daß sie auch nach ihrem Tod nichts haben hinterlassen können. Unsere Leibeigene besitzen nicht nur in Lebzeiten eigenthümliche Güter, sondern disponiren auch mit selben auf künftige Todfäll nach Belieben, wie jeder anderer freyer Mensch. Doch hat der Herr das Recht, etwas gewisses von ihrer Verlassenschaft zu nehmen, zu Latein Mortuarium, anderer Orten aber Haupt-Recht, Besthaupt, Budtheil, Baulebungs-Recht, Gewandfall, Churmüde, Trauer-Recht, Weidmahl, Geläs, Todten-Zoll, todte Hand oder auf Französisch maine morte zu nennen pflegt. Meistentheils fallt der Herrschaft ein gewisses Stück von der Verlassenschaft zu und wann es allemal das Beste seiner Art seyn soll, z. E. das beste Pferd, die beste Kuh, so heißt es eben daher das Besthaupt. Hat aber der Herr die Wahl, so nennt man es von Churen oder Wahlen die Churmüde. Bestehet endlich das Mortuarium nur in einem Kleid, so wird es Gewandfall genannt.

Das Wort Beck suchen einige so gar aus der Natur selbst abzuleiten, weil solches das erste Wort geweßt seyn soll, welches von einem verlassenen Kind ausgesprochen worden und in Phrygischer Sprach so viel als Brod heißt. Da nun das Backwerk meistentheils in Brod bestehet, so wird auch jener ein Beck genannt, welcher von Brod backen Profession macht. Gleichwie nun die Obrigkeit jeden Orts bey jenen, welche nach Gewicht und Maas verkaufen, beedes von Zeit zu Zeit zu visitiren pflegt, so wird solches auch bey Becken nicht unterlassen, sondern die Brod-Beschau, zumahl in Städten und Märkten, durch eigens bestellte Commissarios, welche man an gewissen Orten Brod-Bischöf heißt, öfter vorgenommen.

Ganerbschaften seynd, da sich mehr Familien dergestalt zusam verbinden, daß sie nicht nur ein gemeinschaftliches Schloß, Burg oder Gut zusammen besitzen, sondern auch in die Verlassenschaft der ohne Erben absterbender Mitglieder nachfolgen. Ohngeacht nur das Faustrecht den ersten Anlaß hierzu gegeben hat, befinden sich gleichwohl noch verschiedene Ganerbschaften im Reich, sonderbar die zu Friedberg und Gelnhausen in der Wetterau, Schwanberg und Trappstadt in Franken, dann Salzburg an der Saal nebst dem Busekerthal in Hessenland. Das Corpus nennt man den Burgfried, die Mitglieder aber Burgmänner und die Directores Baumeister zu nennen.

Der Vor- und Aufkauf, zu Latein Propolium, oder nach hiesiger Sprach die Kauderey heißt eigentlich, da man Getreid, Victualien oder andere zum offentlichen Markt bestimmte Waar in der eigennutzigen Absicht solche mit Gewinn und Aufschlag widerum verkaufen zu können, welche als eine dem Nahrungsstand sehr abbrüchige und grosse Theuerung verursachende Ungebühr nirgend gelitten wird. So schädlich und unzuläßig aber der Vor- und Aufkauf an sich auch immer ist, kann er gleichwohl nicht gänzlich vermieden werden. Dann da der Markt von dem 3 oder 4 Stund entlegenen Landmann schwerlich oder gar nicht besucht, von dem näher gelegenen aber nicht hinlänglich beschlagen werden mag, so müssen nothwendiger Weis gewisse Leute seyn, welche die benöthigte Victualien von weit entfernten Orten herbeybringen. Solches geschieht durch die bürgerliche als auf dem Land ansäsßige Fragner, Huckler, Geflügelmänner, Eyerträger und dergleichen Käufler, welche jedoch nur Hüner, Eyer, Käs, Obst und anderes Pfennwerthe aufkaufen darfen.

Dem alten Adel zehlt man nur jene bey, welche schon viele Ahnen aufzuweisen haben, dem neuen hingegen, welche noch mit wenig, oder keinen dergleichen begabt seynd. Auf jetztverstandene Weis müssen bey hiesigen Hof die Truchseß 4 die Hofdamen und Kamerer aber 8 Ahnen von lauter ehelich- und adelichen Personen beweisen. Wer zum hiesigen Ritterorden aspiriert, der muß laut den Ordensstatuten sechzehn Ahnen, und zwar mit der sogenannten Gablung darthun, welche darinn bestehet, daß des ersten Ur-Ur- oder Gug-Uranherrn sowohl väter- als müterlicher Seits Eltern beederley Geschlechts, nemlich im 5ten Grad aufsteigend väter- und müterlicher Lineae directae würklich edel und ehelichen Geburten erzeigte Personen seynd.

Ehrlos heist derjenige, welcher die Ehre, und seinen guten Namen bey der Ehr liebenden Welt einer bösen That wegen verloren hat. Nach Römischem Recht ist z. E. ein unehrliches Stück, wann der Soldat Güter in Pacht nimmt, der Vormund sich mit seinem Pflegekind vor abgelegter Rechnung verehelichet, eine Wittib inner dem Trauerjahr zur weiteren Ehe schreitet oder sich jemand um Geld und Gewinns wegen zu öffentlichen Schauspielen gebrauchen last, welches doch heut zu Tag lauter solche Dinge seynd, woraus man gar nichts mehr zu machen pflegt. Die Würkung der Ehrlosigkeit bestehet hauptsächlich in der Ausschlüssung von allen Würden, Ehrenstellen, Gezeugschaften, Zünften, Collegien, und Umgang mit ehrlichen Leuten. Nach altdeutschen Rechten, und Gewohnheiten waren ehrlose Leut nicht nur Bund- und Gesellschaftslos, sondern dörften sich auch weder den Bart scheren lassen, noch zu Pferd sitzen, minder das Gewehr tragen, oder ein ehrlicher Mensch aus einem Geschirr mit ihnen trinken. Ja es wurde ein solcher Mensch für einen Schatten geachtet, und wer sich an ihm vergriff, den strafte man auch nur im Schatten, gestalten man ihn bey scheinender Sonn an die Wand stellte und auf den Schatten zuschlug.

Eine alte Straßenverkehrs-Ordnung:

Falls man auf der Strassen einander begegnet und der Weeg so eng, daß hierin nicht füreinander zu kommen ist, weicht derjenige in Regula aus, welcher solches am leichtesten thun kann, z. E. ein Fußgänger dem Reuter, ein Reuter der Fuhr, ein ungeladener Wagen dem geladenen, ein geringer dem schweren. Wir sagen in Regula, dann wann der geladene Wagen, wie es in dem Gebürg und anderer Orten vielmal geschiehet, die leichter Abfahrt oder den Ausweichungs-Ort näher für sich hat, so ist die Regul aus vernünftiger Überlegung bey ihm umgekehrt, und muß er dem ungeladenen oder gestalten Dingen gar dem Reuter ausweichen.

Pfarrer, Richter, Bürgermeister, Beamte glauben zwar auch, man müsse ihnen ausweichen, aber ohne gnugsamen Grund. Öfter kommt es zwischen Fuhrleuten des Ausweichens halber zu Thätlichkeiten und da weicht freylich der Schwächere aus, allein, wann demjenigen, welchem von rechtswegen hätte ausgewichen werden sollen, Schaden dadurch geschiehet, so muß ihm der Übertretter solchen erstatten. Zu Vermeidung aller Ungelegenheit ist gewöhnlich, daß man bey Antrettung eines engen Weegs mit Schreyen, Peitschen, Blasen oder sonst Zeichen einander giebt, oder gar jemand voraus schickt. Es ist auch billich und recht, daß man im Zuruckweichen, sofern es einer allein nicht zu thun vermag, einander hilft.

BECHMANN, August von, Der churbayerische Kanzler Aloysius Freiherr von Kreittmayr. Festrede, gehalten in der öffentlichen Sitzung der k. b. Akademie der Wissenschaften zu München zur Feier ihres 137. Stiftungstages am 14. März 1896. Verlag der k. b. Akademie. In Commission des G. Franz'schen Verlages. München 1896.

KALB, J. A., Biographie (mit Portrait im Steindrucke) des Churfürstl. baier. Staats-Kanzlers etc etc Alois Wigulaus Freyherrn v. Kreittmayer auf Ofenstetten und Hatzkofen. München 1825.

PEITZSCH, Wolfram, Kriminalpolitik in Bayern unter der Geltung des Codex Juris Criminalis Bavarici von 1751. Münchner Universitätsschriften, Reihe der Juristischen Fakultät, Band 8. C. H. Beck'sche Verlagsbuchhandlung. München 1968.

SCHRÖTTER, Georg, Stammtafel des Staatskanzlers Wiguläus F. A. Frh. v. Kreittmayr. Schriften des Bayerischen Landesvereins für Familienkunde e. V., Heft 16. Verlag Michael Laßleben, Kallmünz über Regensburg. München 1941.

Biographie von Wiguläus Xaverius Aloysius von Kreittmayr, in: Allgemeine Deutsche Biographie,

Band 17, Seite 102 ff. Herausgegeben durch die historische Kommission bei der Königl. Akademie der Wissenschaften. Leipzig 1883.

Biographische Skizze von Aloys Wiguläus Frhrn. v. Kreittmayr auf Offenstetten und Hatzkofen, churpfalzbayer'schem geheimen Kanzler, Staats- und Konferenz-Minister, dann obersten Lehenprobsten etc. In Kommission in der J. Lindauer'schen Buchhandlung (Fr. Sauer). München 1838.

Leben und Wirken des Wiguläus Xaverius Aloysius Freiherrn von Kreittmayr churfürstlich geheimen Staats-Kanzlers und Obersten Lehenprobstes. Gedruckt bei Georg Franz. München 1845.

Rechtsregeln und Sprüche herausgezogen aus des Wiguläus Xaver Alois Freiherrn von Kreittmayr Anmerkungen zu den bayerischen Gesetzbüchern. Durch den Magistrat München gedruckt bei J. G. Weiß. München 1848.

Der Herausgeber dankt den Herren Dr. Michael Schattenhofer, Direktor des Münchner Stadtarchivs, und Dr. Anton Schneiders, Oberbibliotheksdirektor bei der Bayerischen Staatsbibliothek, für freundlichst gegebene Literaturhinweise. Später Dank auch dem Münchner Magistrat für die Herausgabe einer Sammlung von Auszügen aus Kreittmayrs Anmerkungen zugunsten der Freiherrlich von Kreittmayr'schen Stipendienstiftung (1848), die eine Kontrolle und etliche willkommene Ergänzungen der mühseligen Lesearbeit ermöglichte.

 · ISBN 3-475-52172-5
Das Buch erscheint in der Reihe »Rosenheimer Raritäten«. Es wurde gedruckt bei Georg Wagner in Nördlingen und gebunden bei Hans Klotz in Augsburg. Den Schutzumschlag gestaltete Ulrich Eichberger, München.
Die Illustrationen stammen vom Maler und Radierer Daniel Chodowiecki (* 1726 Danzig, † 1801 Berlin). Alle Abbildungen sind aus der Staatlichen Graphischen Sammlung, München. Die Fotos fertigte Marlies Rathjens, München. Das Bildnis Kreittmayrs ist gestochen von Barb. D. Drouin und gemalt von A. Hickel und wurde uns vom Stadtmuseum München zur Verfügung gestellt.